当代中国外交

张清敏 著

图书在版编目（CIP）数据

当代中国外交 / 张清敏著．-- 2 版．-- 北京：五洲传播出版社，2019.7
（当代中国系列）
ISBN 978-7-5085-4249-2

Ⅰ．①当… Ⅱ．①张… Ⅲ．①外交－中国－现代 Ⅳ．① D82

中国版本图书馆 CIP 数据核字 (2019) 第 134817 号

当代中国系列

主　　编：武　力
出 版 人：荆孝敏

当代中国外交

著　　者：张清敏
责任编辑：宋博雅
图片提供：视觉中国　中新社
封面设计：北京澜天文化传媒有限公司
内文制作：北京优品地带文化发展有限公司
出版发行：五洲传播出版社
地　　址：北京市北三环中路 31 号生产力大楼 B 座 6 层
邮　　编：100088
发行电话：010-82005927，010-82007837
网　　址：http://www.cicc.org.cn　http://www.thatsbooks.com
印　　刷：中煤（北京）印务有限公司
版　　次：2020 年 3 月第 2 版第 2 次印刷
开　　本：710 毫米 ×1000 毫米　1/16
印　　张：11.5
字　　数：156 千字
定　　价：62.00 元

目 录

前　言 1

第一章　中国外交的宗旨和原则 6
　　中国外交的宗旨 8
　　中国外交的原则 18

第二章　中国外交的布局 40
　　和平共处五项原则的提出和发展 42
　　推进与大国协调合作 44
　　加强同周边国家的睦邻友好 61
　　巩固同广大发展中国家的团结合作 76

第三章　中国的多边外交 92
　　参与国际机制，拓展多边外交 94
　　在联合国框架内发挥建设性作用 98
　　参与经济领域的多边合作 108

第四章　中国外交的创新 112
　　提出和实施"一带一路"倡议 114
　　开展主场多边外交，贡献中国智慧 117
　　推动地区热点问题的解决 123

第五章　中国外交的拓展 134
　　外交领域的拓展 136
　　外交行为体的多元化 153
　　中国外交的特色和优势 169

结　语 174

前言：有中国特色的大国外交

随着经济持续稳定的发展，中国已经站在了世界聚光灯下。向中国投来的目光中，有欣赏，也有疑虑，有赞扬，也有批评，有欢迎，也有质疑；但更多的，则是期待。

中华人民共和国成立以来的外交实践表明，中国外交既具有外交实践普遍的和国际的特点，更具有中国的民族和文化特色；中国外交的经验既是中国外交的宝贵财富和中国外交未来发展的依托和基础，也是对国际外交理论学的重大贡献。

外交是"用和平手段来调节和处理国与国之间的关系"。自民族国家产生以来，外交在协调国家间关系，维护世界和平，促进人类进步方面发挥了积极和重要的作用。在全球化的今天，国家之间的联系更加密切，外交成为当今世界最具活力和最具影响的国际政治。

2015年10月19日，伦敦白金汉宫前的林荫路高挂中英两国国旗，迎接即将到访的中国国家主席习近平。

外交是联系中国与世界的纽带。中国外交旨在处理好中国与外部世界的关系：参与国际事务，融入世界，增加世界对中国的了解。新中国外交的演进过程反映了不同历史时期中国与世界关系的状况。进入新时代以来，中国对世界的影响和世界对中国的影响都前所未有，世界的机遇是中国的机遇，中国机遇也将转变为世界的机遇。在这一中外互动过程中，中国外交发挥了关键的作用，与此同时中国外交也日益完善和成熟。

外交是"国家以和平手段对外行使主权的活动"。外交是一国实施其对外政策的重要工具，但并非唯一工具。国家综合国力是外交的基础和后盾，但外交不是炫耀武力，而是"运用智力和机智处理各独立国家的政府之间的官方关系"。外交的本质要求和首要特点在于其和平性质。

独立自主、谋求和平，是中国外交的两大本质特征和中国对外政策的基石。维护世界和平、促进共同发展是中国外交政策的宗旨。在国际上，中国主张和平解决国际争端和热点问题，反对动辄诉诸武力或以武力相威胁，反对颠覆别国合法政权，坚持在和平共处五项原则基础上全面发展同各国的友好合作。

"外交是对外政策实施的过程。"国家对外政策的目的是维护国家利益，作为落实对外政策工具的外交主要任务和功能也是维护国家利益。中国外交坚决维护国家核心利益，包括国家主权，国家安全，领土完整，国家统一，中国宪法确立的国家政治制度和社会大局稳定，经济社会可持续发展的基本保障等。中国外交在维护国家利益和中国公民、法人在海外合法权益的同时，充分尊重他国维护本国利益的正当权利，在实现本国发展的同时，也顾及他国的正当关切和利益，编织紧密的共同利益网络，使各国成为利益交融的命运共同体。

外交是国家大政方针的重要部分。随着国内环境的变化和国家大政方针的变化，外交战略也不断发生变化。在新中国成立后相当一段

2018年4月12日，外国留学生和河北省秦皇岛市的社区志愿者共同体验陶艺制作。

时间内，中国外交的主要任务是维护国家独立和领土主权完整。在国内工作重心转移到经济建设上后，中国外交的任务是服务发展，促进发展，为全面建成小康社会营造良好的外部环境。当今中国外交的任务，是服从和服务于实现"两个一百年"（到中国共产党成立100年时［2021年］全面建成小康社会，到新中国成立100年时［2049年］建成富强、民主、文明、和谐、美丽的社会主义现代化国家）奋斗目标、实现中华民族伟大复兴。

"外交是独立国家通过官方行为对外行使主权的行为。""外交无小事，大权在中央。"中国外交工作的性质要求从顶层设计角度对中长期的外交工作有战略规划。中国共产党领导的社会主义国家，中国共产党中央委员会、政治局及其常务委员会是党和国家对外政策的决策机构。为保障中央对外交和外事工作的集中统一领导和中央的决策能顺利实施，中国外交机制建设在完善，体制机制在理顺，外交和外事管理工作在加强与规范化。

外交具有鲜明的时代特点。外交的形态、方式、手段等既受国际

2014年4月25日,丹麦女王玛格丽特二世在中国妇女儿童博物馆与中国国家主席习近平夫人彭丽媛共读安徒生童话《丑小鸭》。

力量对比的制约,也受到一定历史时期的国际惯例、国际规范的影响。中国外交走上成熟的过程,也是适应、接受并对外交规范作出贡献的过程。随着外交议程的扩展,利益攸关方增加、联系密切,沟通多元化的新形势再一次推动外交的转型。适应形势的变化和时代的要求,中国积极开展同各国政党和政治组织的友好往来,加强人大、政协、地方、民间团体的对外交流,夯实国家关系发展的社会基础。

外交不仅具有世界性和国际特色,更具有民族性和国家特色。中国外交的政治特色体现在中国共产党对外交工作的集中统一领导,这一特色也是中国外交取得重要成就的关键和保证。中国外交的民族特色源自中国丰富的传统文化,亲仁善邻、以和为贵是其传统。中国外交与历史上和世界其他大国外交的不同特色体现在,中国立足于自身作为发展中国家的基本国情,坚持站在发展中国家一边,坚持走和平发展道路。这些特色体现在中国外交的实践中,也是中国外交前进的动力和指南。

外交是内政的延续。国内政治决定一个国家对外政策和外交的性质。全球化的发展使内政和外交之间的界限越来越模糊,两者的互动更加广泛和深入。中国共产党中央从统筹国内国际两个大局出发,重视对外交和外事工作的统筹协调,强调外交工作必须内外兼顾、通盘筹划、统一指挥、统筹实施,要求中央和地方、政府和民间、涉外各部门牢固树立外交一盘棋意识,各司其职,形成合力,实现中国外交的总体目标。

中国与世界在良性互动中融为一体。中国的发展离不开世界,世界的和平也需要中国的合作和贡献。本书旨在尽可能简洁并全面地介绍在中国与世界互动过程中,中国外交发展变化的历程,阐述中国与世界主要国家和地区关系发展变化的过程及其原因,宣介中国在重大国际问题上的立场和政策,展现中国外交的显著特色。

中国外交的宗旨和原则

中国将始终不渝走和平发展道路,坚定奉行独立自主的和平外交政策。

中国外交的宗旨

坚定不移地走和平发展道路，是中国人民的历史选择和中国外交的基本理念。

始终做世界和平的建设者、为世界和平与发展作出贡献，推动构建人类命运共同体，是中国人民的不懈追求和向世界的庄严承诺。

◎ **坚持和平发展道路**

中国是世界四大文明古国之一，在历史上创造了灿烂辉煌的文明。古代中国在与周边民族和国家的关系中，形成了以中华文化为核心、以道义为基础的和谐关系，史称"华夷秩序"或"朝贡体系"。

19世纪，西方列强利用炮舰打开了中国的国门。在1840年鸦片战争以后的100多年里，中国遭受了一次次侵略战争，沦为半殖民地半封建国家。消除战争，实现和平，建设独立富强、民生幸福的国家，是近代以来中国人民孜孜以求的奋斗目标。

中国共产党领导中国各族人民，在经历了长期艰难曲折的斗争后，推翻了帝国主义、封建主义和官僚资本主义的统治，取得了新民主主义革命的胜利，于1949年建立了中华人民共和国。中国外交从此揭开了新的一页。

1949年9月30日，中国人民政治协商会议制定的具有临时宪法作用的《共同纲领》规定："中华人民共和国联合世界上一切爱好和平、自由的国家和人民，首先是联合苏联、各人民民主国家和各被压迫民族，站在国际和平民主阵营方面共同反对帝国主义侵略，以保障世界

1949年10月1日,在北京举行的开国大典上,毛泽东主席在天安门城楼上庄严宣告中华人民共和国成立。

的持久和平。"

1954年颁布的新中国第一部宪法肯定了上述内容,向全世界宣布:"在国际事务中,我国坚定不移的方针是为世界和平和人类进步的崇高目的而努力。"半个多世纪以来,不管是在处理与大国的关系上,还是在解决与邻国的历史遗留问题上,抑或是在与中国切身利益没有直接关系的国际争端和地区热点问题上,中国都主张采取和平手段,反对使用武力或以武力相威胁。

1978年实行改革开放政策以来,中国根据国际形势的变化,把握和平与发展两大时代主题,坚持以经济建设为中心,强调外交为国内经济建设创造良好的国际环境和周边环境,高举和平大旗,稳定与大国之间的关系,加强与周边国家睦邻友好,巩固与广大发展中国家的传统友谊,积极参与多边外交,倡导以和平共处五项原则为准则建立国际政治经济新秩序。

冷战结束后,中国主张在建立国际政治经济新秩序的基础上,积极推进世界多极化进程,提倡国际关系民主化和发展模式多样化,陆

1979年7月后,中国在广东省的深圳市、珠海市、汕头市和福建省的厦门市设立经济特区,为改革和开放、扩大对外经济交流起到了极为重要的示范作用。图为1980年9月,建设中的深圳特区。

续提出了新安全观、新文明观、新发展观及"与邻为善,以邻为伴"的周边外交方针,在追求自身发展和强大的同时,努力实现与他国和平共处,形成了具有中国特色的新世界观。

进入新的历史时期,中国承诺将恪守维护世界和平、促进共同发展的外交政策宗旨,始终不渝走和平发展道路,始终做世界和平的建设者、全球发展的贡献者、国际秩序的维护者,积极促进各国共同发展繁荣,建设一个持久和平、共同繁荣的和谐世界。2018年3月,第十三届全国人民代表大会第一次会议将"坚持和平发展道路,坚持互利共赢开放战略"作为新内容纳入新修正的宪法,以国家大法的方式宣示了中国坚持走和平道路的决心。

中华人民共和国近70年的发展经验表明,和平是发展之基,发展是和平之本。唯有发展,才能消除冲突的根源。唯有发展,才能保障人民的基本权利。唯有发展,才能满足人民对美好生活的热切向往。中国政府高举和平、发展、合作的旗帜,探索符合本国国情和时代要求的社会主义现代化道路,走出一条和平发展的道路。

中国的和平发展道路是:要把中国国内发展与对外开放统一起来,

把中国的发展与世界的发展联系起来,把中国人民的根本利益与世界人民的共同利益结合起来,对内坚持和谐发展,对外坚持和平发展,既通过维护世界和平发展自己,又通过自身发展维护世界和平。

坚持走和平发展道路是中国人民的历史选择。中国人民从近代以后遭受战乱和贫穷的惨痛经历中,深感和平之珍贵、发展之迫切,深信只有和平才能实现人民安居乐业,只有发展才能实现人民丰衣足食。为国家发展营造和平稳定的国际环境是对外工作的中心任务。

和平发展是顺应世界潮流的选择。和平与发展是当今时代的两大主题和不可阻挡的世界潮流。当前,世界多极化、经济全球化深入发展,国际体系变革的要求突出,国际社会正面临越来越多新的历史课题。要和平,不要战争;要发展,不要停滞;要对话,不要对抗;要理解,不要隔阂——乃大势所趋、人心所向。中国走和平发展道路,正是在这一时代大背景下的必然选择。

和平发展是时代的要求。经济全球化成为影响国际关系的重要趋势。不同制度、不同类型、不同发展阶段的国家相互依存、利益交融,

2018年10月12日,多米尼克首都罗索港,身穿盛装的当地学生热情欢迎中国海军和平方舟医院船首次到访。

2018年11月10日,在上海举行的中国国际进口博览会上,各国国家馆精彩纷呈。

形成"你中有我、我中有你"的命运共同体。人类再也承受不起世界大战,大国全面冲突对抗只会造成两败俱伤。

和平发展道路体现在外交上就是:在和平共处五项基本原则的基础上同所有国家发展友好合作。同发达国家加强战略对话,增进战略互信,深化互利合作,妥善处理分歧,探索建立和发展新型大国关系,推动相互关系长期稳定健康发展。坚持与邻为善、以邻为伴、睦邻友好的方针,发展同周边国家和亚洲其他国家的友好合作关系,积极开展双边和区域合作,共同营造和平稳定、平等互信、合作共赢的地区环境。加强同广大发展中国家的团结,深化传统友谊,扩大互利合作,通过援助和投资等方式,真诚帮助发展中国家实现自主发展,维护发展中国家正当权益和共同利益。

◎ **维护世界和平,促进共同发展**

中国的发展需要和平的国际环境,中国以自己的发展促进世界的和平，这是中国发展的经验。争取和平的国际环境发展自己，又以自身的发展促进世界和平，这是中国发展的目标。与各国共同致力于建设持久和平与共同繁荣的和谐世界，实现与各国的互利共赢和共同发展，这是中国发展的政策。

维护世界和平就要反对对和平的威胁。中华人民共和国成立以来，始终把反对帝国主义的侵略政策和战争政策作为中国对外政策最为根本的一条。为了反对霸权主义对世界和平的威胁，中国在外交上曾努力联合一切可以联合的力量，组成反霸权主义的统一战线。国际形势缓和以后，中国在国际上根据事情的是非曲直判断一个国家的对外行为是否属于霸权主义行为，并据此决定中国自己的立场。

中国政府不仅反对霸权主义，而且把不称霸作为对中国人民和世界人民的承诺。在改革开放前，中国就承诺，中国是大国，但中国绝不称霸，绝不走强国必霸之路。中国崛起之后，仍然承诺将始终做世界和平的建设者，坚定走和平发展道路。无论国际形势如何变化，无论自身如何发展，中国永不称霸、永不扩张、永不谋求势力范围，永远不会把自身经历过的悲惨遭遇强加给其他民族。

中国承诺做国际秩序的维护者，维护以《联合国宪章》宗旨和原则为核心的国际秩序和国际体系，维护贯穿《联合国宪章》始终的主权平等原则。中国在国际事务中强调：世界各国一律平等，不能以大压小、以强凌弱、以富欺贫；各国主权和领土完整不容侵犯、内政不容干涉，各国自主选择社会制度和发展道路的权利应当得到维护；各国推动经济社会发展、改善人民生活的实践应当受到尊重；世界的前途命运必须由各国共同掌握。

中国坚持奉行防御性的国防政策。中国有广阔的领土和辽阔的海洋，陆地边界2.2万多公里，大陆海岸线1.8万多公里，面临复杂多样的传统和非传统安全挑战，受到分裂势力和恐怖主义等威胁。推进国防现代化是中国合理的国家安全需求，是中国实现和平发展的必要

1945年6月26日,中国等50个国家的代表在旧金山签署了《联合国宪章》。2015年6月26日,联合国秘书长潘基文(右二)在旧金山出席《联合国宪章》签署及联合国成立70周年庆祝活动。

保障。中国军队现代化的根本目的是捍卫国家主权、安全、领土完整,保障国家发展利益。中国国防开支规模是合理适度的,是与维护国家安全需要相适应的,中国不会也无意同任何国家搞军备竞赛,不会对任何国家构成军事威胁。

中国是唯一公开承诺不首先使用核武器、不对无核武器国家和无核武器地区使用或威胁使用核武器的核国家。中国是派出维和人员最多的联合国安理会常任理事国。中国积极参与反恐、防扩散领域国际合作,向遭受严重自然灾害的国家提供人道主义援助并派出救援队,为打击海盗行为向亚丁湾、索马里海域派遣海军护航编队。

中国坚持以和平方式,通过平等协商和谈判解决国际争端或冲突,反对侵略别国主权的行径,反对干涉别国内政,反对任意使用武力或以武力相威胁。中国积极参与国际反恐合作,坚决打击恐怖主义,在反恐问题上主张坚持标本兼治,重在消除根源。

中国为处理国际和地区一些热点问题发挥了建设性作用，促进世界共同安全。在朝鲜半岛核问题上，中国坚持不懈地积极斡旋，先后促成并主办三方（中国、朝鲜、美国）会谈和六方（中国、朝鲜、美国、韩国、俄罗斯、日本）会谈，为维护东北亚的和平与稳定发挥着建设性作用。在中东问题上，中国鼓励有关各方根据联合国有关决议和"土地换和平"原则恢复和谈，重启和平进程。在伊拉克问题上，中国积极倡导在联合国框架内谋求政治解决，并为伊拉克问题的妥善解决做了大量工作。在伊朗核问题上，中国以多种方式劝和促谈，寻求在国际原子能机构框架内妥善和平解决伊朗核问题。

中国谴责和摒弃一切形式的冷战思维，主张通过对话与合作增进相互了解与信任，谋求以和平方式解决国家间的分歧和争端。在事关国际和平的安全问题上，中国主张树立共同、综合、合作、可持续安全的新安全观，通过互利合作维护地区和国际安全，以协商化解矛盾，以合作谋求稳定，加强和深化多边安全合作，解决共同面临的安全威

2017年亚丁湾护航期间，中国海军海口舰官兵在瞭望警戒。

2016年4月1日,中国国家主席习近平在美国华盛顿出席伊朗核问题六国机制领导人会议。

DS7 Crossback 车型首度亮相2018年德国汉诺威工业博览会。该车型由中国华为与法国标致雪铁龙合作研发,搭载华为车联网技术。

胁和挑战，反对诉诸武力，或动辄以武力相威胁，反对战争政策、侵略政策和扩张政策，反对颠覆别国合法政权，反对军备竞赛。中国主张按照公正、合理、全面、均衡的原则，实现有效裁军和军备控制，防止大规模杀伤性武器扩散，积极推进国际核裁军进程，维护全球战略稳定。

反对战争、维护和平是为了促进发展。中国顺应经济全球化的发展趋势，坚持实行互利共赢的对外开放战略，参与国际经济技术合作，把既符合本国利益，又能促进共同发展，作为处理与各国经贸关系的基本原则；坚持在平等、互利、互惠的基础上同世界各国发展经贸关系，积极推动经济全球化向有利于各国共同繁荣的方向发展。

中国在自身发展的同时尽最大努力援助其他发展中国家，促进各国共同发展。中华人民共和国成立60多年来，中国积极参与国际发

2018年10月9日，首架满载中国政府向印尼中苏拉威西省地震海啸灾区提供的援助物资的包机抵达印尼巴厘巴板机场。

展合作，共向166个国家和国际组织提供了近4000亿元人民币援助，派遣60多万援助人员，其中700多名中国优秀儿女为他国发展献出了宝贵生命。

中国努力推动多边经贸关系发展和区域经济合作，积极参与制定和实施国际经贸规则，与各国共同解决合作中出现的分歧和问题，促进世界经济平衡有序发展。

中国支持和积极参与多边贸易体制，坚持互利共赢的方针，妥善处理贸易摩擦等问题，促进与各国的共同发展。中国利用世界贸易组织争端解决机制处理贸易摩擦问题，并在制定和实施国内经济政策时切实考虑国际因素和国际影响，注意把握中国经济发展给外部世界带来的经济效应。

中国发展离不开世界，世界繁荣稳定也离不开中国。中国取得的发展成就与世界各国的对华友好合作密不可分，中国未来发展更需要国际社会理解和支持。中国和平发展的不懈追求是：对内求发展、求和谐，对外求合作、求和平。

中国外交的原则

外交是独立国家对外行使主权的官方行为，是一国捍卫本国利益和实现其对外政策的重要手段。没有国家主权的独立，就没有独立自主的外交。

中华人民共和国成立以来，中国实现和巩固了国家的独立和外交的自主，维护了国家安全和领土完整，在国际舞台上赢得了平等与尊严。中国珍惜来之不易的独立，在国际上尊重其他国家的独立，并把独立自主作为中国外交政策的最根本原则。

◎独立自主外交政策的发展

追求国家独立是近代以来中国人民坚持不懈的奋斗目标。1949年新中国成立以前的100多年间，中国的对外交往史是一段备受欺凌的历史，旧中国的外交是屈辱的外交。1840年鸦片战争以来，帝国主义列强通过各种手段逼迫晚清政府签订了一系列不平等条约，并根据这些条约在中国开设租借地，确立势力范围，强辟通商口岸，取得治外法权，享受片面的最惠国待遇，攫取了多方面的特权。近代以来，无数仁人志士为了争取国家的独立和民族的解放进行了艰苦卓绝的斗争，但都没有改变中国的命运。到新中国成立之前，西方列强在中国仍然拥有驻扎军队、自由经营、管理中国海关和确定中国关税税率等权利。

1949年10月1日，中华人民共和国成立，中国人民站起来了，赢得了国家的独立和民族的解放！从此，维护国家独立，维护领土、主权的完整，成为新中国外交的首要目标。

实现独立必须废除帝国主义在中国的特权，断绝与旧中国屈辱的外交"遗产"的联系。新中国成立后，制定和执行了"打扫干净屋子再请客""另起炉灶"和"一边倒"的三大政策。

所谓"打扫干净屋子再请客"，就是颁布法律，逐步并彻底废除

2018年10月1日，广东佛山石湾镇举行了欢度国庆活动。

旧中国遗留下来的帝国主义在中国的政治、经济和文化特权，使中国摆脱了对外依赖，成为一个在政治、经济和文化上都独立自主的国家。

"另起炉灶"，就是同旧中国的屈辱外交彻底决裂，不承认旧中国同其他国家建立的外交关系，将新中国与其他国家的外交关系建立在独立国家的平等的基础上。对于那些不愿在独立和平等基础上承认、对待新中国政权的国家，中国不承认这些国家派驻中国的代表为正式的外交人员；对于国民党政府与外国政府所订立的各项条约和协定，新中国政府按其内容，分别予以或承认，或废除，或修订，或修改，或重定。

谈判建交原则

"另起炉灶"的显著体现是，新中国政府坚持通过谈判与其他国家建立外交关系。1949年全国政协通过的具有临时宪法功能的《共同纲领》第56条规定："凡与国民党反动派断绝关系，并对中华人民共和国采取友好态度的外国政府，中华人民共和国中央人民政府可在平等、互利及互相尊重领土主权的基础上，与之谈判、建立外交关系。"这被称为"谈判建交"的原则。

这一原则针对旧的国民党政府残余逃往台湾的现实，把是否断绝与在台湾的旧的国民党政府的"外交关系"，作为判断其他国家是否对新中国采取友好态度并遵守平等、互利及互相尊重领土主权原则的前提条件。谈判建交的方式则是为了保证建交原则和条件的实行，确保不会出现"两个中国"的现象。这一建交原则是对建交形式的创新，在后来很长的时期里都使用。

所谓"一边倒"，就是在当时东西对峙的"冷战"国际背景下，根据美国与苏联对新中国的不同态度，倒向以苏联为首的社会主义国家一边。根据这样的政策，新中国成立后不久，毛泽东主席访问了苏联，并于1950年2月与苏联签订了《中苏友好同盟互助条约》，规定加强中苏之间的友好与合作，共同防止帝国主义的重新侵略。中苏条约的缔结，使中国政府有了可靠的同盟国，国家安全有了更多保障。

反对超级大国对中国的威胁，保障国家安全，是建国初期维护独立的主要任务。1950年6月朝鲜战争爆发后，美国总统杜鲁门发表声明，命令美国军队直接参与朝鲜战争，美国海军第七舰队进入台湾海峡，加强美国驻菲律宾的军队和扩大对印度支那法国军队的援助。杜鲁门的这一声明，把朝鲜半岛、台湾海峡地区、以及包括中南半岛在内的东南亚地区联系起来，矛头直接指向成立伊始的新中国。美国在对朝鲜战争进行干涉的同时，其军用飞机不断侵犯中国东北领空，扫射和轰炸中国城镇和村庄；在中国在联合国席位被剥夺的情况下，美国操纵联合国对中国实行禁运；美国海军还在公海上强行盘查中国船只，侵犯中国的航行权利，使中国人民生命、财产蒙受巨大损失。

1950年，人民游行欢送中国人民志愿军赴朝鲜抗美援朝。

中国被迫卷入朝鲜战争,并最终取得了抗美援朝战争的胜利,实现了朝鲜半岛的停战,达到了"保家卫国"的目的,提高了中国的国际地位,有力地维护了中国的独立、主权和安全。在印度支那,中国支持印度支那人民争取民族独立的斗争,积极参加日内瓦会议,促成了印度支那实现和平,消除了美国从南部对中国的威胁。此外,从这时起,反对美国对中国领土台湾的侵犯、反对美国对中国内政的干涉成为中美关系中最为核心和关键的问题,至今它仍然是中国外交的一项主要任务。

独立自主是新中国外交的根本方针,是区别于旧中国外交的最主要特征。它贯穿于新中国外交的各个领域。在实行"一边倒"政策的20世纪50年代,毛泽东、周恩来等都曾多次指出,对苏联不能有依赖之心,对苏联的经验不能盲从照搬,要用自己的脑袋思考,用自己的腿走路,"战略上要联合,但战术上不能没有批评"。20世纪50年代后期,由于中国和苏联所处的国际地位不同,双方对国际格局的认识,以及外交战略,特别是对美政策上出现了一些分歧,苏联企图将中国拉入其"美苏合作,共同主宰世界"的轨道。对于苏联提出的

1958年,赫鲁晓夫秘密访华。随后,中苏关系恶化。

有损中国主权和外交独立自主的建议和行为，毛泽东等领导人顶住压力，拒绝了苏联要求，维护了中国在与社会主义国家关系中的独立自主。

20世纪60年代后期，国际形势发生了变化。美国由于深陷越战泥淖，实力严重受损，而苏联趁机加强了自己的力量，开始对外扩张。美国总统尼克松上台后，提出了在亚太和全球地区收缩战线的"尼克松主义"，与此同时，苏联领导人则提出了以对其他社会主义国家内政进行干涉为主要内容的"勃列日涅夫主义"。两个"主义"标志着美国对华威胁的减弱和苏联对华威胁的增加。中国感到苏联已成为中国安全和世界和平的主要威胁，开始缓和与改善同美国的关系。

鉴于苏联对中国威胁的增长，中国在20世纪70年代执行了反对美苏两霸，侧重反对苏联霸权主义的战略方针。1973年毛泽东在会见外宾时提出，"美国、日本、中国，连巴基斯坦、伊朗、土耳其、阿拉伯世界、欧洲都要团结起来，一大片的第三世界要团结"，共同反对苏联的威胁。

20世纪70年代后期到80年代初期，苏联的扩张在入侵阿富汗后遇到了困难，美国则在全球采取攻势，国际力量对比发生了新的变化，爆发战争的可能性不断减少，中国面临的安全危险减弱，集中精力于国内经济建设有了可能。1978年中共十一届三中全会后，中国对内外政策进行了调整，在对外政策上更加鲜明地强调坚持独立自主的原则。

1982年邓小平在中共十二大的开幕辞中明确提出："中国的事情要按照中国的情况来办，要依靠中国人自己的力量来办。独立自主，自力更生，无论过去、现在和将来，都是我们的立足点。中国人民珍惜同其他国家和人民的友谊和合作，更加珍惜自己经过长期奋斗而得来的独立自主的权利。任何外国不要指望中国做他们的附庸，不要指望中国会吞下损害我国利益的苦果。"

1989年中国发生了政治风波，以美国为首的西方国家对此加以指责、干涉，并对中国实行制裁。邓小平在会见外国客人时表示，"国

2018年11月9日,中国作为安理会当月轮值主席在纽约联合国总部举行主题为"维护国际和平与安全:加强多边主义和联合国作用"的公开辩论。

家主权、国家的安全要始终放在第一位,对这一点我们比过去更清楚了","中国永远不会接受别人干涉中国内政"。中国政府沉着冷静,坚持独立自主的和平外交政策,最终打破制裁,维护了国家的独立和主权。

20世纪90年代以来,面对西方国家的压力,中国没有妥协、退让,而是更加坚定地维护国家主权、国家利益和民族尊严。针对冷战后西方一些国家提出的所谓"人权高于主权"等挑战《联合国宪章》宗旨和原则、践踏国际法和国际关系基本准则的论调,中国坚持独立自主的原则,坚决反对任何国家以任何借口干涉中国内政。

2012年的中共十八大报告把"坚决维护国家主权、安全、发展利益,决不会屈服于任何外来压力"作为指导未来中国外交的第二个原则，紧随独立自主外交原则之后。习近平表示，我们要坚持走和平发展道路，但决不能放弃我们的正当权益，决不能牺牲国家核心利益。任何外国不要指望我们会拿自己的核心利益做交易，不要指望我们会吞下损害我国主权、安全、发展利益的苦果。

◎独立自主的内涵

中华人民共和国成立以来，中国的对外战略和具体政策随着国际风云变幻经历了一系列调整和变化，在不同时期显示出不同的阶段性特点，但独立自主的原则始终贯穿其中，并在实践中不断发展、充实，从不同方面展现了中国外交独特的风格。概括起来看，作为中国外交的根本原则，独立自主的内涵包括以下几个方面：

中国是一个统一的多民族国家，实现国家统一，保持领土主权的完整是独立自主的前提，也是独立自主外交政策的显著体现。中国绝不容忍国家统一、领土完整、民族尊严受到任何侵犯。在当前复杂的国际和国内形势下，维护社会稳定面临诸多新情况新问题，反对"台独""东突""藏独"等分裂势力威胁国家统一和安全，是中国独立自主外交政策的前提和根本要求。

主权是国家的根本属性和独立的根本标志。中国坚持主权国家有权选择自己本国的社会制度，独立地决定本国对内对外政策，完全自主地决定自己国家的发展道路和政策。在国际事务上，中国主张各国应充分享有领土不受侵犯、内政不受干涉的权利，中国尊重各国人民自主选择发展道路的权利，不干涉别国内部事务，不把自己的意志强加于人，也反对任何国家干涉中国内政。

独立自主就是在国际事务上实行民主化。在事关世界和平与全人类发展的重大问题上，中国主张根据《联合国宪章》宗旨和原则，以及其他国际法和公认的国际关系准则，在政治上相互尊重、平等协商，共同推进国际关系民主化;经济上相互合作、优势互补,共同推动经济全球化朝着均衡、普惠、共赢方向发展;文化上相互借鉴、求同存异,尊重世界多样性,共同促进人类文明繁荣进步;环保上相互帮助、协力推进,共同呵护人类赖以生存的地球家园。

独立自主就是不同任何大国或国家集团结盟,不搞军事集团,不参加军备竞赛,不进行军事扩张。中国奉行防御性的国防政策,对外不谋求势力范围,不支持一个国家去反对另一个国家;中国反对霸权主义,并承诺中国永远不称霸,永远不搞扩张,不对任何国家构成军事威胁。

独立自主就是按照和平共处五项原则发展与所有国家友好互利合作关系,不以意识形态划线,不以社会制度的异同决定国家关系的好坏或亲疏,"同谁都来往,同谁都交朋友",不受一时一事左右,而是从维护世界和平、促进经济发展的大局出发,全方位地发展与所有

2018年6月,日本永青文库在中日和平友好条约缔结40周年之际将细川家族数代人收藏的36部4175册珍贵汉籍无偿赠予中国国家图书馆。为配合此次捐赠,国家图书馆专门策划《书卷为媒 友谊长青——日本永青文库捐赠汉籍入藏中国国家图书馆展》。

2018年4月25日,"和平号角-2018"上海合作组织第五届军乐节军乐巡游表演在北京奥林匹克公园举行。

国家的外交关系。

独立自主就是对于一切国际事务,都从中国人民和世界人民的根本利益出发,根据事情本身的是非曲直,以及是否有利于维护世界和平与稳定,是否有利于发展各国合作、促进世界经济和文化的繁荣、推动人类的进步,决定自己的立场和政策,不屈从于任何外来压力。

中国坚定奉行独立自主的和平外交政策,尊重各国人民自主选择发展道路的权利,维护国际公平正义,反对把自己的意志强加于人,反对干涉别国内政,反对以强凌弱。中国决不会以牺牲别国利益为代价来发展自己,也决不放弃自己的正当权益。

◎反对在台湾问题上干涉中国内政

独立自主的一个根本要求就是实现和保证国家的统一,维护国家的领土完整。这一政策首先体现在中国反对外来势力对中国内政的干涉,争取实现台湾海峡两岸统一的斗争中,以及在恢复对香港与澳门行使主权的外交实践过程中。

台湾是中国领土不可分割的一部分。1895年日本通过侵华战争，强迫清朝政府签订不平等的《马关条约》，侵占了台湾。1943年12月，中、美、英三国政府发表的《开罗宣言》规定，日本应将从中国窃取的包括东北、台湾、澎湖列岛等在内的土地归还中国。1945年中、美、英三国共同签署，后来又有苏联参加的《波茨坦公告》规定：开罗宣言之条件必将实施。同年8月，日本宣布投降，并在《日本投降条款》中承诺履行《波茨坦公告》各项规定。1945年10月25日，中国政府收复台湾、澎湖列岛，重新恢复对台湾行使主权。台湾不仅在法律上，而且在事实上回归祖国。

1949年10月1日，中华人民共和国中央人民政府宣告成立，取代中华民国政府成为全中国的唯一合法政府和在国际上的唯一合法代表。旧的中华民国的统治者国民党集团的一部分军政人员退踞台湾，形成两岸的暂时分裂。台湾问题是中国内战遗留的问题，争取实现台湾与祖国大陆的统一是中国的内政。台湾问题事关中国的主权和领土完整，这是属于国内政治的问题。

在东西方两大阵营对峙的态势下，1950年美国借朝鲜战争爆发，派遣其海军第七舰队进入台湾海峡，并于1954年与台湾当局签订了所谓《共同防御条约》，将中国的台湾省置于美国的"保护"之下，构成对中国领土主权的侵略，造成了台湾海峡地区局势的长期紧张。美国支持台湾当局与大陆对抗，阻挠中国实现国家统一，是美国敌视中华人民共和国的集中表现。这是台湾问题的国际方面。

台湾问题的国内方面和国际方面性质完全不同，但存在着密切的联系。在国内方面，中国一直努力争取按照"一国两制"，即"一个国家，两种制度"的原则实现台湾与大陆的和平统一，在实现大陆和台湾和平统一后，在中华人民共和国内，国家的主体实行社会主义，台湾实行资本主义。

1972年2月,美国总统尼克松对中国进行为期一周的访问。图为毛泽东(左三)、周恩来(左一)会见尼克松(右二)、基辛格(右一)。

在台湾问题的国际方面,中国一直坚决反对外部势力对属于内政问题的台湾问题加以干涉。反对美国在台湾问题上干涉中国内政,是冷战期间中美对峙的焦点。中美三个公报的核心问题,也是中美关系中最关键最敏感的问题,就是台湾问题。

中美关系在20世纪60年代末和70年代初出现了缓和。1972年美国总统尼克松访问中国,中美双方在上海发表了联合公报。在公报中,美国方面声明:"美国认识到,在台湾海峡两边的所有中国人都认为只有一个中国,台湾是中国的一部分。美国政府对这一立场不提出异议。"

1978年12月,美国政府接受了中国政府提出的建交三原则,即美国与台湾当局"断交"、废除美国与台湾当局之间签订的《共同防御条约》、从台湾撤军。其后,中美发表了建立外交关系的公报。公报声明:"美利坚合众国承认中华人民共和国政府是中国的唯一合法政府。在此范围内,美国人民将同台湾人民保持文化、商务和其他非官方联系";"美利坚合众国政府承认中国的立场,即只有一个中国,台湾是中国的一部分"。

中国希望中美关系的缓和能够促进台湾海峡两岸的统一。在中美关系正常化的同时,中国从维护世界和平的大局出发,改变了新中国成立后相当一段时间内坚持的"一定要解放台湾"的政策,提出和形成了"一国两制"的思想,谋求通过和平的途径实现国家的统一。

但是,中美建交后,美国并没有放弃在台湾问题上对中国内政的干涉。1979年3月,美国国会通过所谓《与台湾关系法》,以美国国内立法的形式,作出了许多违反中美建交公报和国际法原则的规定,包括继续向台湾出售武器。

美国向台湾出售武器引发了中美关系正常化后双边关系的第一次危机。为解决美国售台武器问题,中美两国政府通过谈判,于1982年8月达成协议,发表了指导中美关系的第三个联合公报,简称《八一七公报》。美国政府在公报中声明:"它不寻求执行一项长期向台湾出售武器的政策,它向台湾出售的武器在性能和数量上将不超过中美建交后近几年供应的水平,它准备逐步减少对台湾的武器出售,并经过一段时间导致最后的解决。"

随着中美关系平稳发展,台湾海峡两岸关系也出现了缓和,1987年两岸开始了民间交往。1992年经过两岸官方授权的民间组织在会谈中各自以口头方式表述海峡两岸均坚持一个中国原则的共识,即"九二共识",其核心意涵是大陆和台湾同属一个中国,两岸不是国与国关系,明确界定了两岸关系的根本性质。这一共识成为两岸交流的基础。特别是2008年以来,两岸在"九二共识"的基础上实现全面直接双向"三通"(通商、通航和通邮),签署实施两岸经济合作框架协议,形成两岸全方位交往格局,两岸关系保持和平发展势头,两岸在相互往来合作中逐渐彼此融合。冷战结束后,台湾当局改变了在统一问题上的立场,逐步放弃"一个中国"的政策,开始以所谓的扩大"国际生存空间"为名,谋求台湾"独立"。从1993年开始,台湾当局谋求参与联合国,特别是1997年台湾当局领导人李登辉提出所谓两岸关系为"特殊的国与国关系"的说法,公开打出了台湾"独立"的旗帜。

在这个过程中,美国政府不断违背在《八一七公报》中作出的承

2009年4月26日，大陆海峡两岸关系协会与台湾海峡交流基金会在南京签署《海峡两岸空运补充协议》等三项协议。

诺，提高向台湾出售武器的规模和性能。特别是以1992年美国决定向台湾出售150架F-16型高性能战斗机为标志，美国开始不断向台湾出售高性能武器，严重违背了美国政府的承诺，给台湾问题的和平解决增加了新的障碍和外部阻力。2018年3月17日，美国总统特朗普不顾中方的反对和严正交涉，签署《台湾旅行法》。美国的这些做法遭到中国政府的强烈反对，导致中美关系的数次摩擦，严重影响中美关系的发展。

　　中国政府在台湾问题上采取所有政策的目的，都是为了实现国家的和平统一。在国际上，作为代表全中国的唯一合法政府，中华人民共和国政府在台湾问题上的一贯政策是：世界上只有一个中国，台湾是中国领土不可分割的一部分，凡是与中华人民共和国建立外交关系的国家都必须尊重中国的主权和领土完整。中国坚决反对与中国建交国把台湾当作一个"独立政治实体"而同其建立和发展官方关系，甚

2016年5月18日，由台湾民间团体召集，千余名台湾民众聚集在台北民进党中央党部前，呼吁即将上台的当局坚持"九二共识"。

至搞某种形式的"双重承认"，以及在国际组织和国际会议中制造"两个中国"或"一中一台"。这一原则是中国在发展与世界各国关系中始终坚持不渝的。

  另一方面，中国政府保障台湾同胞在国外的一切正当、合法权益。对于某些允许地区参加的政府间国际组织，中国政府已经基于一个中国原则，根据有关国际组织的性质、章程和实际情况，以所能同意和接受的方式对台湾的加入问题作出了安排。台湾已作为中国的一个地区，以"中国台北"的名义，分别参加了亚洲开发银行（所用的英文名称为 Taipei, China）和亚太经合组织（所用的英文名称为 Chinese Taipei），以及以"台湾、澎湖、金门、马祖单独关税区"的名义（简称"中国台北"，英文名称为 Chinese Taipei）参加世贸组织。

  2016年主张"台独"的民进党在台执政以来，在两岸关系上不承认"九二共识"，在岛内实行"去中国化"，企图切断与大陆的联系，在国际上追求扩大"台湾国际空间"，加入只有主权国家才能参加的国际组织。中国政府承诺坚定地执行"一国两制"、和平统一的政策，始终以最大诚意、尽最大努力促进两岸关系和平发展，争取和平统一的前景，但也明确表示，绝不允许任何人以任何名义、任何方式把台湾从中国分割出去。

针对台岛内的"独立"势力，中国政府作了充分的准备。2005年中国全国人大通过了《反分裂国家法》，以法律形式重申了和平统一的政策，同时明确规定："'台独'分裂势力以任何名义、任何方式造成台湾从中国分裂出去的事实，或者发生将会导致台湾从中国分裂出去的重大事变，或者和平统一的可能性完全丧失，国家得采取非和平方式及其他必要措施，捍卫国家主权和领土完整。"在2017年的中共十九大报告中，习近平总书记再次表示，绝不允许任何人、任何组织、任何政党、在任何时候、以任何形式、把任何一块中国领土从中国分裂出去！

2017年7月28日，贵州省贞丰县举办2017海峡两岸各民族欢度六月六活动。

◎ 恢复对香港和澳门行使主权

"一国两制"的思路是为解决台湾问题、实现中国统一而提出的，后来被成功用于解决香港和澳门问题，显示了其强大的生命力，也为最终解决台湾问题创造了条件。

香港是中国领土的一部分。1840年第一次鸦片战争中，英军强占香港岛。1842年英国强迫清政府签订了《南京条约》，割让香港岛。1856年英法联军发动第二次鸦片战争，迫使清政府于1860年签订《北京条约》，割让九龙半岛。1894年中日甲午战争之后，英国逼迫清政府于1898年签订《展拓香港界址专条》，强租新界及附近262个岛屿，租期99年，至1997年6月30日结束。

澳门问题与香港问题相似。1535年葡萄牙人在澳门停靠船舶，进行贸易，1557年开始长期居住。1887年3月和12月，葡萄牙迫使清政府先后签订了《中葡会议草约》和《中葡北京条约》。此后，葡萄牙一直占领澳门并把澳门划为葡萄牙领土。作为历史遗留问题，香港

1982年9月，邓小平会见来华访问的英国首相撒切尔夫人。

1997年6月30日午夜至7月1日凌晨,中英两国政府香港政权交接仪式隆重举行。

和澳门问题是中国近代外交史上最为屈辱的事件之一。新中国成立后,多次阐明澳门是中国的领土,澳门问题属于历史遗留问题,主张在适当时机通过谈判解决这一历史遗留问题,在未解决之前维持现状。

随着香港新界租期的到期,香港回归问题被提上议事日程。中国政府与英国政府经过谈判,于1984年12月签署了《关于香港问题的联合声明》,确立了中国政府对香港恢复行使主权的原则。根据同样的原则,中国与葡萄牙政府于1987年4月签署了《关于澳门问题的联合声明》。根据相关协议,中国政府分别于1997年和1999年对香港和澳门恢复行使主权,结束了西方殖民势力占领中国领土的历史,香港和澳门的发展进入一个新的时代。

香港和澳门回归以来,中国中央政府根据维护国家主权、安全、发展利益,保持香港、澳门长期繁荣稳定的宗旨,坚持一国原则和尊重两制差异、维护中央权力和保障特别行政区高度自治权、发挥祖国内地坚强后盾作用和提高港澳自身竞争力有机结合起来，贯彻"一国两制""港人治港""澳人治澳"、高度自治的方针。在特别行政区政府的有效领导和中央政府的坚定支持下，香港和澳门保持了稳定和繁荣，走上了同内地优势互补、共同发展的道路。中国反对任何外国政府和势力就港澳政制发展等属于中国内政的问题说三道四、指手画脚，防范和遏制外部势力干预港澳事务，这是一个涉及中国主权的原则问题。

◎ **反对民族分裂，维护国家统一**

中国是统一的多民族国家，共有56个民族。各民族形成和发展的历史，也是各民族之间彼此交融的历史。在长期的历史发展过程中，各民族频繁迁徙，逐渐形成了大杂居、小聚居的分布格局。汉族是人口最多的民族，遍布全国。少数民族人口虽少，且主要居住在广大边疆地区，但在内地县级以上行政区域都有少数民族居住。这种你中有我、我中有你、相互依存的人口分布状况，决定了以少数民族聚居的地方为基础，建立不同类型和不同行政级别的民族自治地方，有利于民族关系的和谐稳定和各民族的共同发展。1954年第一届全国人民代表大会将民族区域自治制度载入《中华人民共和国宪法》中。此后中国历次宪法修改，都载明坚持实行这一制度。

在当前复杂的形势下，中国外交面临着维护国家统一、反对民族分裂的任务，这在西藏和新疆问题上尤为突出。

西藏是中国不可分割的一部分，藏族是中华民族大家庭中的重要一员。藏族世代生活在青藏高原，创造了灿烂的文化，是中华文化中一份宝贵的财富。

历史上，西藏曾经历了比欧洲中世纪还要黑暗的政教合一的封建农奴制社会，占总人口不足5%的农奴主占有着西藏全部的生产资料和文化教育资源。达赖喇嘛作为藏传佛教首领和西藏地方政府首脑，集政教大权于一身，对西藏实行统治。

　　1951年西藏实现和平解放。1959年西藏实行民主改革，彻底废除了政教合一的封建农奴制度，十四世达赖流亡国外。半个世纪以来，中国政府高度重视西藏文化的保护与发展，根据《中华人民共和国宪法》和《民族区域自治法》的规定，投入大量人力、物力、财力，倾力保护和弘扬西藏优秀传统文化，同时大力发展现代科学教育文化事业，使西藏文化得到了前所未有的保护与发展。

　　在国际形势发生变化的情况下，达赖集团无视客观事实，打着宗教的旗号，在国际上散布"西藏文化灭绝论"，提出中国军队和军事设施撤离西藏，图谋实现"大藏区独立"。为了引起国际社会的注意，达赖集团还支持在西藏地方制造骚乱，煽动民族矛盾，破坏社会稳定，造成重大的人员伤亡和财产损失。

　　维护中国领土主权的完整是中国的重要核心利益。中国政府坚决

位于中国西藏阿里地区的普兰口岸是中国、印度、尼泊尔三国政治、经济、文化、宗教相互交流的重要口岸。图为2018年8月尼泊尔商人在边贸市场内的店铺里做生意。

反对任何在国际上从事旨在分裂中国、谋求西藏"独立"的活动。中国认为达赖的问题不是宗教问题，而是政治问题；十四世达赖喇嘛不仅是一个宗教人士，而且是一个从事分裂祖国活动的政治流亡者。

中国政府与达赖集团之间分歧的实质，不是自治与不自治的问题，而始终是进步与倒退、统一与分裂的斗争。中国政府提出，只要达赖喇嘛真正放弃分裂祖国的立场，停止一切分裂祖国的活动，放弃任何复辟旧制度的图谋，解散所谓"西藏流亡政府"，公开承认西藏是中国不可分割的一部分，承认台湾是中国不可分割的一部分，承认中华人民共和国政府是代表全中国的唯一合法政府，就可以与达赖喇嘛就其个人前途问题进行接触商谈。

西藏是中国领土不可分割的部分，这是世界上所有政府都承认的。世界上没有任何一个国家承认西藏是"独立"的，承认所谓"西藏流亡政府"。所谓"西藏问题"，从一开始就是帝国主义妄图瓜分中国的产物，是近代帝国主义列强妄图变中国为其殖民地半殖民地图谋的一部分。达赖集团叛逃国外以后，一些反华势力从来没有停止过对达赖集团"藏独"分裂活动的怂恿和支持。因此，所谓"西藏问题"根本不是什么民族问题、宗教问题和人权问题，而是西方反华势力企图遏制中国、分裂中国、妖魔化中国的问题。中国坚决反对达赖以任何身份到其他国家从事分裂中国的活动，也反对任何国家为达赖分裂祖国的活动提供便利和讲坛。

新疆维吾尔自治区成立于1955年，半个多世纪以来，新疆地区的经济、社会各方面都获得了很大的发展。冷战结束以后，在宗教极端主义、分裂主义和国际恐怖主义的影响下，境内外部分"东突厥斯坦伊斯兰运动"等组织转向以恐怖暴力为主要手段的分裂破坏活动，在新疆策划、组织了一系列恐怖暴力事件，严重危害了中国各族人民群众的生命财产安全和社会稳定，并对有关国家和地区的安全与稳定构成了威胁。

2012年12月5日,新西兰驻华大使夫人姚可宁在北京学习新疆民族乐器。

"9·11"事件发生后,国际反恐怖斗争与合作的呼声日趋强烈。"东突"势力为了摆脱尴尬的处境,又一次打着所谓维护"人权""宗教自由"和"少数民族利益"的旗号,编造所谓"中国政府借机打击少数民族"的谎言,混淆视听,欺骗国际舆论,试图逃脱国际反恐怖斗争的打击。近年来,新疆各种分裂势力打着"东突"的旗号,企图建立所谓"东突厥斯坦国"分裂政权,制造恐怖事件。特别是2009年7月5日发生的新疆维吾尔自治区乌鲁木齐市打砸抢烧严重暴力犯罪事件,危害国家统一、社会稳定和民族团结,严重干扰和破坏了新疆的发展与进步,给各族群众生命财产造成重大损失。中国政府在反对这些分裂国家图谋方面从不妥协。

第二章 中国外交的布局

　　坚定不移在互相尊重主权和领土完整、互不侵犯、互不干涉内政、平等互利、和平共处五项原则基础上发展同各国的友好合作,推动建设相互尊重、公平正义、合作共赢的新型国际关系,是中国对外关系的基本原则。近年来,中国政府努力扩大同各国的利益交汇点,推进大国协调和合作,深化同周边国家关系,加强同发展中国家团结合作,形成了全方位多层次的外交布局。

和平共处五项原则的提出和发展

"和平共处五项原则"最先是由周恩来总理于 1953 年 12 月底在会见来访的印度代表团时提出的。当时，中国政府代表团和印度政府代表团就中印两国在中国西藏地方的关系问题开始谈判。周恩来总理在谈话中说："新中国成立后就确定了处理中印两国关系的准则，那就是，互相尊重领土主权，互不侵犯，互不干涉内政，平等互利和和平共处的原则。"这一主张得到印度方面的赞同，并被载入《中印关于中国西藏地方和印度之间的通商和交通协定》的序言中。

1955 年 4 月，周恩来参加了在印度尼西亚万隆召开的有 29 个国

1955 年 4 月，周恩来在万隆会议上发表演讲。

家参加的亚非会议（又称万隆会议）。会议最后公报所提出的国际关系十项原则是对和平共处五项原则的延伸。在这之后，中国先后同缅甸、尼泊尔、蒙古、巴基斯坦、阿富汗等国在和平共处五项原则的基础上，解决了历史遗留下来的边界问题。

1963年底至1964年春，周恩来出访亚洲、非洲和欧洲14国，发表了中国对外经济技术援助的八项原则，把和平共处五项原则扩展到经济合作领域。1972年美国总统尼克松访华期间发表的《中美联合公报》和1978年发表的《中美建交联合公报》，以及1978年中日两国签订的《和平友好条约》等重要国际文件，都强调将和平共处五项原则作为发展双边关系的指导性原则。

中国最初提出这五项原则时，主要强调用它来指导中国与不同社会制度国家的关系。后来的实践表明：如果遵循和平共处五项原则，社会制度不同的国家可以和睦相处，友好合作；如果违背和平共处五项原则，社会制度相同的国家也可能尖锐对抗甚至发生冲突。国与国之间关系好坏，关键在于双方是否严格遵守和平共处五项原则。

1982年12月，中国五届人大五次会议通过的新宪法以国家根本大法的形式规定："中国坚持独立自主的对外政策，坚持互相尊重主权和领土完整、互不侵犯、互不干涉内政、平等互利、和平共处的五项原则，发展同各国的外交关系和经济、文化的交流。"

中国是和平共处五项原则的倡导者，也是实践者。到目前为止，和平共处五项原则已经被载入中国与180个国家的建交公报或其他重要双边文件中。中国坚持在和平共处五项原则的基础上，同世界各国建立和发展关系，形成了外交关系全面发展的良好局面。在国际上，中国主张以和平共处五项原则为基础，建立和平、稳定、公平合理的国际政治新秩序和国际经济新秩序。

推进与大国协调合作

积极运筹中国与美国、欧盟、俄罗斯等主要大国关系是中国对外关系的关键。美国与欧盟既是中国主要的贸易伙伴和出口市场，也是中国吸引外资和技术的主要来源。俄罗斯是中国最大的邻国和战略伙伴，在国际上具有重要的地位。扩大同这些大国的利益交汇点，推进大国协调和合作，构建总体稳定、均衡发展的大国关系框架，是中国外交的优先发展方向。

◎ 保持中美关系的稳定健康发展

在中国与其他大国的关系中，中美关系是关键中的关键。中国是最大的发展中国家，美国是最大的发达国家。中美关系无论对双方，还是对整个世界都是极为重要的双边关系。70年来，中美关系历经风风雨雨，既有对抗和摩擦，也有合作和协调，通过不断加强沟通、深化交流，形成了当前彼此高度依存的关系。

历史地看，新中国成立后60年中美关系的发展可以分成三个20年。新中国成立初期的20年是中美对立、对抗和冲突的20年。美国不承认中华人民共和国政府，对新中国执行了政治上孤立、经济上封锁、军事上遏制的政策。新中

1979年1月，邓小平副总理受美国总统卡特邀请出访美国，这是中华人民共和国成立后中国领导人第一次访问美国。

国政府为了维护自己的主权、独立和领土完整,不得不与美国进行全面的斗争和较量。

第二个20年是中美战略合作的20年。20世纪60年代后期美苏力量对比的变化不仅改变了国际格局,也使中美关系实现了缓和。1972年尼克松总统访华,中美双方发表了《上海公报》,开启了中美双边关系正常化的大门,也启动了双方在战略方面的合作。1979年中美正式建交,将两国关系推上一个新的台阶,双方在战略、经贸、教育与文化等方面的合作都进入一个全新的阶段。

冷战结束后,中美关系进入了动荡、调整和磨合的20年。1989年美国实行"对华制裁",中美关系进入了艰难的磨合期。1992年美国政府违背在售台武器问题上的承诺,向台湾出售了价值60亿美元的战机;1995年美国政府出尔反尔,允许主张"台独"的台湾地区领导人李登辉访问美国;1999年以美国为首的北约在对前南斯拉夫进行

2011年5月10日,美国华盛顿,第三轮中美战略与经济对话进入第二天。

干涉过程中轰炸中国驻南斯拉夫大使馆；2001年美国政府加大对中国的空中侦察，造成美国间谍飞机撞击中国战机，机毁人亡的恶性事件……美国对中国主权的侵犯，遭到中国政府和人民的强烈反对和抗议，中美关系也因此不断遭受挫折。

中美关系经过近70年的发展，虽历经波折，两国在政治、经济和社会方面都已形成了广泛和密切的纽带。两国领导人之间的密切交往和良好的个人联系是两国关系的"驱动器"和"火车头"，两国政府之间形成的广泛合作机制是两国关系的"稳定器"，持续稳定上升的经贸合作是双边关系的"压舱石"，广泛的社会联系构成了中美关系未来发展的基础，双方在重大国际问题上的合作孕育着中美关系发展的潜力。

在新的形势下，中美关系进入一个新的阶段。两国领导人都不断强调良好和健康的中美关系不仅具有重要的双边意义，而且对亚太乃至世界的和平与稳定都具有重要的意义，都表示要致力于发展双边的

2017年9月15日，纪念中美"乒乓外交"表演赛在纽约联合国总部举行。

友好关系。中共十八大以来的新一届领导集体提出了在新形势下建立新型大国关系的理念，推动中美关系的健康稳定发展。

首脑外交是中美关系的火车头。中美关系对于两国来说都是最为重要的双边关系，需要两国领导人从战略高度设计和运筹。从1972年尼克松访华，打开中美关系的大门，到中美建交后历任美国总统对中国的访问以及中国领导人对美国的回访，一直是推动中美关系发展的重要火车头。随着全球化的深入，双方领导人频繁在多边外交场合见面，就双边关系及共同关心的国际和地区问题深入交换意见，就加强在国际事务中的沟通协调，扩大中美共同利益，妥善管控分歧，推动两国关系继续沿着健康稳定的轨道向前发展达成一系列重要共识，确立了发展双边关系的原则，指出发展双边关系的方向，引领双方继续开展各领域合作。

在首脑外交的引领下，两国高层及各级别对话交往与日俱增。到2018年初，中美双方已经建立起涵盖政治、外交、经贸、军事、文教、科技等广泛领域的90多个对话合作机制。进入21世纪后，主要机制随着美国政府的更替而有所变化。中美在布什政府时期建立起中美经济战略对话机制，奥巴马就任美国总统后，将这个机制改变为中美战略与经济对话，并增加了人文交流高层磋商。特朗普政府组建起来之后，两国协议建立中美外交安全对话、全面经济对话、执法及网络安全对话、社会和人文对话等4个高级别对话机制，共同处理两国在相关领域的活动，成为中美合作"加速器"和两国矛盾"缓冲器"。

稳定的中美关系给两国人民带了实实在在的利益。快速发展的中美经贸关系已经成为双边关系的新基石。中美建交的1979年，双边贸易额不足25亿美元。根据中方统计，2018年，中美双边贸易额达6335.2亿美元，同比增长8.5%，是1979年的252倍。其中中国顺差3233.2亿美元。如今美国已经成为中国的第一大贸易伙伴国、第一大出口市场和第六大进口来源地。

在投资领域，两国双向投资起初几乎为零，到2018年底累计接近1600亿美元。据中国商务部统计，2018年，中国企业在美国非金融类直接投资731.7亿美元，美国企业在华投资金额851.9亿美元。快速发展的经贸关系不仅给两国各自的发展都带来了巨大红利，也成为中美关系历经风雨但始终破浪前行的压舱石。

除经贸合作外，两国关系已经不仅仅是两个国家或两个政府之间的关系，而且日益发展为两个社会之间的关系。如建交之初，中美民间交往寥寥无几。截止到2018年底，中美两国已经建立了50对友好省州和227对友好城市。2018年，中美两国人员往来515万人次，其中中国赴美282万人次，美国来华233万人次。中国是美国第一大国际学生来源国，2018年底，中国在美各类留学人员42.5万人。2018年，中国赴美留学人员18.3万，美国来华留学人员2.1万。校际合作、旅游业合作、人文交流和人民友好往来，夯实两国关系民意基础。

中美双方在解决世界特别是亚太地区的热点问题上具有众多的共同利益，开展了密切的合作。双方在维护朝鲜半岛无核化问题上的合作反映了双方在维护核不扩散体系方面所具有的重要责任和共同利益。自朝鲜核危机爆发以来，朝鲜半岛核问题一直是中美两国领导人会晤过程中的重要议题。双方在朝鲜核问题上保持密切沟通，不断协调立场，向朝鲜发出明确的信号，展现了国际社会不允许朝鲜发展核武器的清晰立场。在气候变化问题上，美中作为两个最大经济体和最大排放国，在应对气候变化方面具有共同的责任。

当然，随着双边关系的加强，矛盾和分歧也在增加。其中台湾问题一直是中美关系中最敏感、最关键的问题。美国不断违背两国政府之间的协议，不顾中方反对，坚持向台湾出售武器，提升美台实质关系。这些行为侵犯了中国主权，干涉了中国内政，损害了中国的核心利益，成为制约中美关系发展的重要障碍。此外，美国利用涉藏、人权、宗教等问题干涉中国内政，这些都对中美合作大局形成了负面影响和干扰，是中国政府坚决反对的。

随着中国成为世界第二大经济体，与美国经济实力的差距进一步缩小，中美双方在结构上的矛盾愈加突出。不少人担心美中之间可能陷入守成大国和崛起大国之间必然爆发战争的"修昔底德陷阱"，发生对抗甚至是军事冲突。在这种历史背景下，中国提出希望与美国之间建立一种"不冲突，不对抗"，"相互合作"和"互利共赢"的双边关系。实现这个目标还有很长的路要走，需要克服双方之间所面临的很多问题：既有因社会制度和价值观念的差异而产生的政治上的信任赤字，也有双方妥善处理具体问题上的分歧；既表现在战略层面的互疑，也表现在安全和经济方面的摩擦。

在经济领域，美国始终不承认中国"市场经济地位"，并以此为名推卸本应承担的国际义务。随着特朗普"美国优先"口号成为具体的政策，互利的中美经济关系也遇到了前所未有的困难。2017年8月，美国对中国发起301调查，并据此于2018年6月15日宣布对价值500亿美元的中国商品加征25%关税，其中对340亿美元从中国进口商品自7月6日起实施加征关税；随后发布对中国2000亿美元产品加征关税的清单，威胁将中美贸易战进一步升级。中国被迫采取的对等报复措施随即生效。贸易战不仅给中美关系笼罩上了阴影，也对国际贸易产生负面影响。

对于美方发出的贸易战威胁，中国政府反复申明"不愿打、不怕打、必要时不得不打"的立场，高度重视双方存在的经贸分歧，从维护中美经贸合作大局出发，从满足中国人民日益增长的美好生活需要和推动中国经济高质量发展要求出发，推动双方通过对话协商解决分歧；但在美方率先打响贸易战的情况下，被迫采取了对等反制措施。与此同时，中方也表示，不管外部环境发生什么变化，中国政府都将坚持支持经济全球化，坚定维护国际经贸体系，与世界上一切追求进步的国家共同发展、共享繁荣。

受到国际体系变化、双方政治制度和国家治理理念的差异，特别美国国内政治的周期性变化的影响，中美关系始终充满分歧和摩擦，双方关系走过的道路从来都不是平坦的。但是，过去40年中美关系所取得的进步也是巨大的。在相互尊重基础上管控好分歧矛盾，推动中美关系健康稳定发展，仍将是中国外交面临的最大挑战。加强中美两国人民之间的相互了解和友谊，合作应对重大地区和全球性挑战仍将是中国外交的重中之重。中美两国关系好，不仅对两国和两国人民有利，对世界也有利。正如中国国家主席习近平所指出的那样，"我们有一千条理由把中美关系搞好，没有一条理由把中美关系搞坏。"合作是中美两国唯一正确的选择，两国完全能够成为很好的合作伙伴。

◎不断深化中欧关系

中国是世界上最大的发展中国家，欧洲是发达国家最为集中的地区，欧盟是世界上由发达国家组成的最大的经济政治集团。加强与发展中欧关系是中国外交政策的优先方向之一，是中国推动建立长期稳定、健康发展的新型大国关系的重要组成部分。

受冷战格局影响，20世纪50—60年代西欧国家中只有法国于1964年与中国建立了外交关系。其余国家是随着国际形势的缓和，在70年代才先后与中国建交的。在此基础上，1975年中国与欧盟建立了正式关系。到目前为止，中国与除梵蒂冈以外的所有欧洲国家都保持外交关系。

20世纪80年代初期中国外交政策调整之后，提出不以社会制度和意识形态论亲疏，为经济互补、制度不同的中国与西欧关系的发展开辟了新的前景。中国与这些国家的高层领导互访频繁，经济合作领域广泛、形式多样，贸易额增加迅速。在这种条件下，中国与英国、葡萄牙经过友好协商达成了协议，确立了中国收复对香港和澳门行使主权的基本原则。

1973年9月,周恩来与访华的法国总统蓬皮杜友好交谈。

冷战结束后,中欧关系发展迅速:中欧双方已建立60多个磋商和对话机制,涵盖政治、经贸、人文、科技、能源、环境等各领域,确保中国与作为一个整体的欧盟以及欧盟成员国之间关系大局稳定。如1998年中欧双方协议建立领导人年度会晤机制;2001年双方决定建立全面伙伴关系;2003年,中欧建立全面战略伙伴关系。其中1998年建立的由中国政府总理与欧洲理事会主席、欧盟委员会主席共同主持的中–欧盟领导人年度会晤机制,是双方最高级别的政治对话机制,至2018年7月一共举行20次。建立于2010年的中欧高级别战略对话是中欧就宏观战略问题进行深入沟通的重要平台,至2018年已经举行了8轮。

中欧之间还有多边会晤机制。其中亚欧首脑会议和亚欧外长会议每两年分别在亚洲和欧洲召开。李克强总理出席了2014年10月在意大利米兰举行的第十届亚欧首脑会议和2016年7月在蒙古乌兰巴托举行的第十一届亚欧首脑会议。中国外长则参加与亚欧首脑会议隔年召开的亚欧外长会议，介绍中国国内政治、社会和经济状况，提出中国发展亚欧关系的政策主张。

除了中国与欧盟作为一个整体开展的双边和多边对话机制外，2012年启动的中国－中东欧国家"16+1"合作机制是中国与中东欧国家合作的新平台，也是中欧关系的重要纽带。六年多来，该会议每年轮流在东欧和中国召开对话会议。双方平等协商，互通有无，以双边合作为基础，形成全方位、宽领域、多层次合作格局，推动中国与中东欧国家关系的发展，在政治、经贸、交通物流、基础设施和人文等领域取得丰硕成果。从2012年到2018年，中国与中东欧国家的贸易额由521亿美元增加到822亿美元，同期中国企业对中东欧国家的投资从30亿美元增加到逾百亿美元，产能合作不断深入。

中国一直支持欧洲国家的联合自强，重视欧盟在地区和国际事务中的作用和影响，欢迎欧盟在国际事务中发挥建设性作用。2003年10月，中国发表首个《中国对欧盟政策文件》，阐述了欧盟在中国对外关系中的地位，表明了中国致力于构筑中欧长期稳定的全面伙伴关系的决心。2014年4月第二份中国对欧盟政策文件——《深化互利共赢的中欧全面战略伙伴关系》发表，明确中国把欧盟看作是"中国走和平发展道路，推动世界多极化的重要战略伙伴，是中国实现'新四化'和'两个一百年'奋斗目标的重要合作对象"。文件规划了"深化高层交往与政治对话""加强国际事务中的协调与配合"等十个领域的双边合作。

欧盟亦重视发展与中国的关系，欢迎中国的开放和发展，支持中国走和平发展道路。1995年欧盟委员会通过"中欧关系长期政策"，确立了欧盟对华战略性政策框架，至2016年已经连续发表了七份对华政策文件。

良好的政治关系为经济关系的发展创造了条件。2004年实现东扩后的欧盟成为中国第一大贸易伙伴。欧盟一直是中国最大贸易伙伴、最大进口来源地、第二大出口市场和累计最大技术引进来源地。中国是欧盟第二大贸易伙伴、第一大进口来源地、第二大出口市场。2017年中欧贸易额6169.2亿美元,同比上升12.7%。2018年中欧贸易额6821.6亿美元,同比上升10.6%。2018年,欧盟对华投资104.2亿美元,同比上升25.7%;同年中国对欧盟非金融类直接投资81亿美元,同比增长7.1%。为了推动中欧双方投资的增长,2014年中欧启动投资协定谈判,双方在2019年的第21次中国-欧盟领导人会晤期间同意于2020年完成协议的谈判。随着中国经济规模的扩大和对外投资的增长,中欧投资结构在发生微妙的变化。

中欧之间的人文交流是推动双边关系的基础。2018年,中欧往来人员总数约735.5万人次,中方已在欧洲43个国家建立184所孔子学院和323个孔子课堂,中国高校已开齐欧盟全部24种官方语言课程。2018年,中国赴欧盟国家的留学人员总数约为16.1万,欧盟国家共有约4.7万人来华留学。此外,中欧在财政、金融、工业、农业、交通、信息技术、环保、水利、海洋、新闻出版、青年、社会、卫生、司法、行政等领域也开展了富有成效的对话与合作。

中欧关系从一开始就具有全球战略意义。早期共同反对国际霸权主义维护世界和平,冷战结束后,中欧双方在全球领域的合作从共同推动多极化和国际关系民主化,发展到应对气候变化、维护多边主义和全球自由贸易体系等多领域。在世界孤立主义和单边主义抬头的背景下,中欧致力于多边主义,主张维护以规则为基础的国际秩序,在相互尊重基础上处理国家间关系,通过多边协商完善多边贸易体系。

中国不仅与作为一个整体的欧盟保持良好的关系,而且通过高层互访和建立双边合作机制与欧盟主要成员国之间保持政治互信和平等互利的关系。如中德总理级磋商机制是中国与西方大国建立的第一个政府首脑对话机制,成为引领中德关系友好发展的引擎,自2011年建立以来,至2018年已经举行了五轮。

在两国领导人的高度重视下,中德双方关系给两国和两国人民带来了实实在在的好处。经济上,德国一直是中国在欧洲最大贸易伙伴,2018年双边贸易额为1838.8亿美元,德方顺差287.8亿美元。在投资领域,德国是欧盟对华直接投资最多的国家。截至2018年底,德国企业在华投资项目10272个,实际投入333.9亿美元。同期,经中国商务部核准,中国累计在德国非金融类直接投资134.92亿美元。中德建交46年来双边关系的发展成为一个"成功故事",是合作共赢的典范。

英国是最早承认中华人民共和国的西方国家,但直到1972年双方才建立外交关系。1984年中英就中国恢复对香港行使主权达成协议。中国政府顺利恢复对香港行使主权,消除了两国关系的障碍,两国关系进入一个新的阶段。2015年10月,习近平主席应邀访问英国期间,两国发表《中英关于构建面向21世纪全球全面战略伙伴关系的联合宣言》,开启了持久、开放、共赢的中英关系"黄金时代"。

2013年11月18日,中欧建立全面战略伙伴关系十周年图片展在欧盟举行。

2018年11月18日,"'一带一路'中医药针灸风采行"英国站活动在剑桥大学举行。

在经济领域,英国是中国在欧盟内第三大贸易伙伴、第一大投资目的国和第二大实际投资来源地。中国是英国在欧盟外第二大贸易伙伴。2018年,中英双边贸易额840.4亿美元。从中国方面看,截止到2018年底,已有超过500家中资企业落户英国。

法国是最早与中国建交的西方大国。共同的国际定位促使中法之间在冷战期间就进行了富有成效的合作。双方保持着中法高级别人文交流、战略对话和高级别经济财金对话等机制,推动双边科技、文化、教育与军事等方面的交往与合作。在经贸领域,2018年,中法贸易总额达629亿美元,同比增长15.5%,法国是中国在欧盟内仅次于德国、荷兰和英国的第四大贸易伙伴。截至2018年,法国对华累计投资175.3亿美元,是中国第四大实际投资来源国、第三大投资目的国和第二大技术引进国。中国是法国的亚洲第一大、全球第六大贸易伙伴。

中欧关系的发展也并非没有遇到困难。其中涉及中国领土主权的问题对中欧关系的伤害最大。如1982年荷兰政府不顾中国政府的反对坚持向台湾出售潜艇，导致中荷关系的降级；1992年法国政府向台湾出售幻影战机，导致中法关系遭受波折等。又如欧洲一些国家领导人执意会见意图将中国西藏从中国领土上分裂出去的达赖喇嘛，导致中国与相关国家关系的波折，也影响中欧关系的发展。此外，随着中欧关系的深入发展，双方之间的经贸摩擦也时有发生。

但是，中欧之间没有根本的利害冲突，中欧全面战略伙伴关系并不要求双方在所有问题上的看法都一致，而是需要双方本着求同存异的原则，减少分歧，扩大信任，扩大合作。中方始终重视欧洲，支持欧洲一体化，看好欧洲发展前景，愿意同欧洲合作，为当今充满不确定性的世界注入更多稳定性和正能量，愿与欧盟尊重彼此的核心利益，在和平共处五项原则的基础上不断充实和发展中欧全面战略伙伴关系。

◎ 中俄关系不断加强

中俄关系是由中苏关系发展而来的。苏联是第一个承认新中国并与新中国建交的国家。俄罗斯是中国最大的邻国，中国与俄罗斯关系的改善和平稳发展是中国周边外交的成功典范。

在冷战期间，中苏关系经历了20世纪50年代结盟友好，60、70年代恶化、对抗，80年代缓和、正常化的曲折发展过程。1989年中苏关系正常化后不久，苏联于1991年12月26日解体。随着俄罗斯继承了苏联的国际法地位，中苏关系顺利过渡到中俄关系。

1992年12月，中俄双方协议将以《联合国宪章》与和平共处五项原则等公认的国际法原则为基础，深化中俄关系。在整个20世纪90年代，两国领导人互访不断。进入21世纪后，两国在联合国和上海合作组织内，经常性地就双方共同关心的国际问题和地区问题交换意见，推动双边关系从"建设性伙伴关系"发展到"建设性战略伙伴关系"，最后提升到"平等信任、面向21世纪的战略协作伙伴关系"。2001年7月两国元首签署发表了《中华人民共和国和俄罗斯联邦睦邻友好合作条约》，为双边关系奠定了稳固的政治基础。经过双方20多年不懈努力，两国建立起全面战略协作伙伴关系。中俄关系成为当前中国层次最高、基础最牢、内涵最丰富、最具地区和全球影响力的战略伙伴关系。

> **《中俄睦邻友好合作条约》**
>
> 　　2001年7月16日中俄两国元首签署的《中俄睦邻友好合作条约》是指导新世纪中俄关系发展的纲领性文件。条约在总结历史经验的基础上，将两国和两国人民"世代友好、永不为敌"的和平理念和永做好邻居、好朋友、好伙伴的坚定意愿用法律形式确定下来。条约确认，在相互关系中不使用武力或以武力相威胁，也不相互采取经济制裁及其他施压手段，彼此间的分歧只能以和平方式解决；双方遵循领土和国界不可侵犯的国际法原则，将两国边界建设成为永久和平、世代友好的边界。条约还规定，"如出现缔约一方认为会威胁和平、破坏和平或涉及其安全利益和针对缔约一方的侵略威胁的情况，缔约双方为消除所出现的威胁，将立即进行接触和磋商。"条约确定以平等互信的战略协作伙伴关系作为中俄关系模式，这至今仍具有现实意义。

2013年以来，中俄两国元首习近平主席和普京总统之间以年均5次会晤的频率保持密切往来和经常性的战略对话，随时就重大国际和地区问题交换意见，共同规划和引领两国关系的发展，直接拉动了中俄战略协作伙伴关系的持续高位运行。两国之间具有健全和全面的高

2018年11月7日,中国国务院总理李克强在北京人民大会堂东门外广场主持仪式,欢迎前来参加中俄总理第23次定期会晤的俄罗斯总理梅德韦杰夫。

层交往和各领域合作机制,其中中俄总理定期会晤至2018年11月已经持续23年,举行了第23次,成为统筹规划和指导推动两国务实合作和人文交流的重要平台。中俄议会合作委员会以及能源、投资、人文、经贸、地方、执法安全、战略安全等领域所建立的交往与合作机制,在推动中俄友好方面发挥积极的作用,推动中俄双边关系不断持续稳定发展,一直处于高位运行状态。

在双边关系上,中俄互为最可信赖的战略伙伴,始终都把发展双方全面战略协作伙伴关系作为各自对外政策的优先方向,坚定支持对方维护本国主权、安全、领土完整等核心利益的努力,坚定支持对方走符合本国国情的发展道路,坚定支持对方发展振兴,坚定支持对方把自己的事情办好,在叙利亚问题和朝鲜核问题等国际热点问题上中俄密切合作。

在军事领域,两国保持高水平战略互信和战略协作。2017年中俄两国国防部长签署的《2017—2020年中俄军事领域合作发展"路线图"》对中俄2017—2020年的军事合作进行了顶层设计和总体规划。中俄两国海军如期在毗邻俄罗斯的波罗的海、日本海和鄂霍次克海举行"海上联合-2017"联合军演。2017年,俄罗斯正式向中方交付第三批5架苏-35S战机,中方飞行员前往莫斯科接受驾驶此类飞机的培训。在军事和地区事务中保持密切协作是双方关系的体现。

在经济领域,双方积极对接各自发展战略。两国领导人达成"一带一路"建设同欧亚经济联盟对接的重要共识,两国在能源、贸易、投资、高技术、金融、基础设施建设、农业等各领域合作发展迅速,现代化和科技创新含量不断提升。2018年,中俄双边贸易额达1070亿美元,首次突破1000亿美元。中国连续9年保持俄罗斯第一贸易伙伴国地位,俄罗斯在中国主要贸易伙伴中排名第10位。中国是俄罗斯最大投资来源国。

中俄双方之间的合作也推动两国地方的合作。截至2018年5月底,

2018年11月6日,中俄合作研制的CR929远程宽体客机1∶1展示样机在第十二届中国国际航空航天博览会上揭幕亮相。

双方已经建立141对友好城市及省州、数十对经贸结对省州，中俄地方领导人定期会晤机制启动并建立中国长江中上游地区和俄罗斯伏尔加河沿岸联邦区地方合作理事会、中国东北地区和俄罗斯远东及贝加尔地区政府间合作委员会。中俄秉承睦邻友好合作精神，树立了大国、邻国关系的典范。

在国际上，中俄双方都主张坚持以联合国宪章宗旨和原则为基石的国际关系基本准则。在联合国内，中俄为维护国际法和国际关系基本准则、推动联合国改革、打击恐怖主义和毒品走私等全球性问题保持密切沟通和协调，推动建立以合作共赢为核心的新型国际关系。双方共同呼吁国际社会共同努力构建开放型世界经济，反对贸易保护主义，双方"坚持走多边主义道路解决重大问题，本着'共商、共建、共享'的原则，通过完善全球治理应对各类威胁与挑战"。

中俄同为世界主要大国、联合国安理会常任理事国、新兴市场国家，在维护世界和平等全球问题上负有重要的责任，拥有广泛共识。双方共同推动成立了上海合作组织，建立了金砖国家组织、中俄印、中俄蒙合作等机制。双方在二十国集团、金砖国家、亚太经合组织、上合组织、亚洲相互协作与信任措施会议（亚信）等共同参与的多边机制框架内进行有效协调。

在地区热点问题上，中俄为推动半岛核问题的和平解决作出了不懈努力，两国外交部共同发表了《关于朝鲜半岛问题的联合声明》，提出了现实可行的路线图。在叙利亚问题上，中俄密切合作，联手在联合国安理会六次使用否决权，阻止了西方大国对叙利亚内政的干涉，以及外部势力试图推动的叙利亚政权更迭，维护了联合国宪章的权责和叙利亚的领土主权完整。

大国关系是国际政治经济格局的决定因素。针对国际格局的特点，中国提出构建新型大国关系积极倡议，通过高层互访和首脑外交的引领，与各大国政府间合作和交流机制稳定，经贸合作不断加强，社会关系更加密切。中美关系在曲折中保持了总体框架的稳定，中欧关系不断深化，中俄战略协作频繁，确保了总体稳定、均衡发展的大国关系框架。

加强同周边国家的睦邻友好

中国与邻国关系的经验告诉中国一个"唇亡齿寒"的道理；中国与周边国家关系友好的历史印证了中国的一句俗话——"远亲不如近邻"。中国对外关系是从周边开始的，搞好同周边国家的关系对中国具有极为重要的战略意义。中国坚持睦邻友好的周边外交政策，把周边作为外交优先方向。

新中国成立前后，大部分邻国也摆脱西方列强殖民统治获得独立，中国与周边邻国之间的关系进入一个新的阶段。针对西方大国从中国周边对中国实施的政治孤立、军事"遏制"和经济封锁，中国进行了坚决斗争，维护了中国的领土主权完整。在解决与印度之间存在的历史遗留问题过程中，中国提出了和平共处五项原则，并与印度、缅甸共同向世界各国倡议这一原则。根据平等互利的原则，中国先后与缅甸、尼泊尔、阿富汗、蒙古、朝鲜等国家解决了历史遗留的边界问题，使大部分边界成为友好边界。

改革开放后，随着中国国内工作重心转移到经济建设上，外交工作的核心任务转变为为中国国内经济建设创造良好的国际环境，特别是周边环境，中国与周边国家的睦邻友好关系得到很大的改善。

冷战结束后，中国提出了"安邻、睦邻、富邻"思想，积极落实"以邻为伴，与邻为善"的政策。根据平等协商、互谅互让的精神，中国与一些国家解决了尚未解决的边界问题，与不少周边国家建立了不同形式的伙伴关系，营造了一个和平稳定、平等互信、合作共赢的周边环境，创造了中国与周边国家关系的历史最好时期。

中国与邻国边界问题情况

已经解决的边界及其协议	中国－缅甸	《中缅关于两国边界问题的协定》（1960年） 《中缅边界条约》（1960年）
	中国－尼泊尔	《中尼关于两国边界问题的协定》（1960年） 《中尼边界条约》（1961年）
	中国－朝鲜	《中朝边界条约》（1962年） 《中朝边界议定书》（1964年）
	中国－蒙古	《中蒙边界条约》（1962年）
	中国－巴基斯坦	《中巴关于中国新疆和由巴基斯坦实际控制其防务的各个地区相接壤的边界的协定》（1963年）
	中国－阿富汗	《中阿边界条约》（1963年）
	中国－俄罗斯	《中苏关于中苏国界东段的协定》（1991年） 《中俄关于中俄国界西段的协定》（1994年） 《关于中俄国界线东西两段的叙述议定书》（1999年） 《关于中俄国界东段的补充协定》（2004年） 《关于国界线东段的补充叙述议定书及其附图》（2008年）
	中国－老挝	《中老边界条约》（1991年）
	中国－越南	《中越陆地边界条约》（1999年） 《中越关于两国在北部湾领海、专属经济区和大陆架的划界协定》（2000年）
	中国－哈萨克斯坦	《中哈关于中哈国界的协定》（1994年） 《中哈关于中哈国界补充协定》（1997年）
	中国－吉尔吉斯斯坦	《中吉关于中吉国界协定》（1996年） 《中吉关于中吉国界的补充协定》（1998年）
	中国－塔吉克斯坦	《中塔关于中塔国界协定》（1999年） 《中塔关于中塔国界的补充协定》（2002年）
没有解决但有临时协议	中国－印度	《中印关于在中印边境实际控制线地区保持和平与安宁的协定》（1993年）、《关于在中印边境实际控制线地区军事领域建立信任措施的协定》（1996年）
	中国－不丹	《中不关于在中不边境地区保持和平与安宁的协定》（1998年）
有争议，也无临时协议	中国－日本	钓鱼群岛
	中国与菲律宾、越南、文莱、马来西亚之间	部分南海诸岛和海洋权益

近年来，中国政府更加重视与周边国家的关系。2013年10月，中共中央召开新中国历史上第一次周边外交工作座谈会。习近平总书记要求从"立体、多元、跨越时空的视角"处理与邻国关系，使周边同中国政治关系更加友好、经济纽带更加牢固、安全合作更加深化、人文联系更加紧密；确定今后5至10年中国周边外交的战略目标、基本方针和总体布局，明确要在与周边各国交往中体现亲、诚、惠、容的理念。

由于地理环境和历史背景不同，中国与周边不同方向邻国的关系呈现不同的状况，显示了不同的特点。

◎ 中国与东北亚邻国的关系

中国与日本、朝鲜和韩国三个国家的关系经历了不同的发展历程，如今中国与这三个国家关系的状况也有所不同。

中日两国是一衣带水的邻邦，曾经有过悠久的友好交往历史。在新中国成立前的一段时期内，日本军国主义者对中国发动的侵略战争使中国人民遭受了严重的灾难。周恩来总理曾用"两千年友好，五十年对立"来形容中日友好交往史中这段不愉快的经历，并为发展双边关系提出了"以史为鉴，面向未来"的原则。

受20世纪70年代初期国际局势变化的影响，中日于1972年结束了两国关系的不正常状态，建立了外交关系。根据中日邦交正常化的《中日联合声明》，双方在1978年签署了《中日和平友好条约》，确立在和平共处五项原则的基础上发展全面的中日关系，奠定了中日睦邻友好的政治基础。

20世纪80年代以来，中日关系取得了重大成就：两国高层互访频繁；建立了多层次的双边合作机制，如两国政府成员会议，由老、中、青代表组成的"中日友好21世纪委员会"，中日外交当局之间的定期磋商，以及中日安全磋商等。

政治关系的良好发展为中日经贸等各领域的合作创造了条件。在《中日联合声明》中，中国政府宣布，为了中日两国人民的友好，放弃对日本国的战争赔偿要求。从1979年到2000年，日本向中国政府提供了4批日元贷款，总额2.65万亿日元。从1979年至2008年，日本政府累计向中国政府承诺提供日元贷款约33164.86亿日元，用于255个项目的建设；截至2011年底，中国累计接受日本无偿援助1423.45亿日元，用于148个项目的建设。

平等互利的经贸关系一直是中日关系的重要组成部分。截至2003年，日本连续11年为中国第一大贸易伙伴。近年来，受日本经济低迷以及双边政治关系的影响，日本在中国对外贸易中的地位有所降低，但日本仍然是中国仅次于美国、欧盟、东盟的第四大贸易伙伴和仅次于美国的第二大贸易伙伴国。据日方统计，自2007年开始，中国一直是日本最大贸易伙伴国。根据中方数据，2018年中日贸易总额3276.6亿美元。在投资领域，日本是中国第三大外资来源地，中国是日本第二大对外投资对象国。截至2018年底，日本累计对华投资额1119.8亿美元，在中国利用外资国别中排名第一。2018年，中国对日本非金融类直接投资额为2.51亿美元，与上年基本持平。截至2018年底，中国对日直接投资存量为44.5亿美元。

在中日和平友好的主旋律间一直存在着一些不和谐的噪音，制约中日关系的健康发展。其中影响最持久的是日本政府对日本侵略历史的认识和态度问题。在中日实现邦交正常化的《中日联合声明》中，日方表示："日本方面痛感日本国过去由于战争给中国人民造成的重大损害的责任，表示深刻的反省。"但从20世纪80年代开始，日本政府多次"审定"篡改历史、美化侵略的教科书，导致中国和亚洲其他邻国的抗议。1985年日本内阁首相以公职身份参拜供奉有14名二战期间甲级战犯灵位的靖国神社，遭到中国和其他亚洲国家的抗议，此后日本领导人停止了对靖国神社的参拜。但21世纪初，日本领导人和一些政要不顾包括中国人民在内的亚洲各国人民的反对，坚持参拜靖国神社，导致中日之间高层互访一度中断，不仅影响日本与中国及亚洲其他国家的关系，也破坏地区和平稳定，阻碍亚洲一体化进程。

> **靖国神社问题**
>
> 历史上日本曾对邻国发动侵略战争，给这些国家造成了严重灾难和损失。日本政府对待历史上侵略战争的态度问题一直是日本与包括中国在内的亚洲邻国之间非常敏感的政治问题。靖国神社问题是这个问题的试金石。
>
> 靖国神社是日本东京的一座神社，供奉自明治维新以来在战争中战死的军人及军属，战前是日本军国主义对外侵略的精神支柱。1978年，14个被盟国远东军事法庭入罪和处决的甲级战犯名字被安置并供奉在靖国神社内。此外，神社里还供奉有2000多名乙、丙级战犯，被东亚各国视为日本军国主义的象征。

小泉纯一郎以后的几位首相都避免参拜靖国神社，中日关系才走出低谷。2006年日本首相安倍晋三对中国进行了被称为"破冰之旅"的访问。2007年4月，中国总理温家宝对日本进行了被称为"融冰之旅"的访问。温家宝访日期间，双方发表了《中日联合新闻公报》，确认努力构筑"基于共同战略利益的互惠关系"，两国关系逐步恢复了正常。2007年12月日本首相福田康夫访问中国的"迎春之旅"和2008年5月胡锦涛主席访问日本的"暖春之旅"，标志着中日关系已经实现了正常化。2013年12月26日安倍晋三首相再次参拜该神社，使因钓鱼岛问题而恶化的中日关系雪上加霜，中国政府向日方提出严正交涉、强烈抗议和严厉谴责。

在中国和亚洲其他一些国家看来，日本政府领导人参拜靖国神社绝不是日本的内政,更不是什么个人问题。其实质是日本政府能否正确认识和深刻反省日本军国主义对外侵略和殖民统治历史,关乎日本同包括中国在内亚洲邻国和国际社会关系的政治基础的问题,是一个严重的政治和外交问题。

其次,台湾问题也是影响中日关系的一个因素。日本曾对台湾进行过50年的殖民统治,二战后根据相关国际文件将台湾归还中国。《中日联合声明》中载有"中华人民共和国政府重申:台湾是中华人民共和国领土不可分割的一部分。日本国政府充分理解和尊重中国政府的这一立场,并坚持遵循波茨坦公告第八条的立场。"但是仍然不断有一些日本政界人士对台湾抱有幻想,企图插手和干涉台湾问题。中国政府明确表示,中国并不反对日本与台湾开展民间往来,但反对任何形式的官方往来,或搞任何形式的"两个中国"或"一中一台"。这一原则在中日关系的重要文件中都得到明确的强调。

当前制约中日关系的关键问题是钓鱼岛问题。2012年9月,日本政府不顾中方的反对,对钓鱼岛实施所谓"国有化",打破了40年搁置争议的常规,导致中日关系陷入邦交正常化以来最为严峻的局面。受此影响,两国民众彼此好感度降到历史新低。

钓鱼岛及其附属岛屿自古以来就是中国的固有领土,有历史和法理上的依据。在钓鱼岛问题上,中国政府坚持,日方无论以什么手段单方面采取的任何措施都是非法、无效和徒劳的,改变不了钓鱼岛属于中国的事实。中方敦促日方尊重历史、正视现实,承认1972年中日实现邦交正常化时双方领导人达成的将钓鱼岛问题"留待以后解决"的共识,以及1978年中日缔结和平友好条约时在钓鱼岛问题上"搁置争议,留待以后解决"的默契,承认双方在钓鱼岛及其附属岛屿上有争议,同中方就钓鱼岛实质问题开展认真磋商,寻求管控争议和解决问题的办法。

至2018年初,中日关系仍没有走出低谷。但中日关系中始终存

2018年4月16日，日本首相安倍晋三在东京会见中国国务委员兼外交部长王毅。

在着一些积极的因素，双边在政治关系非常低迷的情况下，仍然有理由对中日关系未来的怀有信心。其中一个重要的因素是中日关系一向具有良好的社会人文基础。

在中日国家元首和政府首脑还没有实现互访的情况下，中日双边人员往来不断增加，特别是中国赴日人数在这个时期内还以较快的速度增加。2018年，中日双边人员往来1175.8万人次，较2017年增长10.3%。其中中国赴日本人员906.8万人次，同比增长8.8%；日本来华人员269万人次，同比增长0.2%。两国共缔结友好城市254对。习近平主席在接见日本访华团时说，"中日友好的根基在民间，中日关系前途掌握在两国人民手里。"稳定的中日关系仍然符合两国人民的利益，也有益于亚太地区的和平与稳定。

中朝两国是山水相连的友好邻邦，中朝两国老一辈领导人亲自缔造和精心培育了传统友谊。但是因为朝鲜发展核武器，而中国和国际社会为了维护国际核不扩散机制,反对朝鲜发展核武器。中国推动和主持了关于朝鲜半岛问题的六方会谈,确立了朝鲜无核化的目标,并根据联合国安理会的相关决议,对朝鲜进行了制裁。两国关系一度冷淡下来,曾经频繁的高层互访也一度中断。受到双边政治关系、联合国决议和朝鲜自身经济状况等影响,中朝贸易裹足不前,人员往来也受到限制,传统友谊处于低谷。

中国政府高度重视中朝友好合作关系,维护好、巩固好、发展好中朝关系是中国政府坚定不移的方针。随着朝鲜半岛局势的缓和,在朝鲜领导人2018年到2019年四次访问中国后,2019年6月20日至21日,习近平总书记应邀对朝鲜进行国事访问。这是中国党和国家最高领导人时隔14年再次访问朝鲜,传承中朝传统友谊,续写中朝关系新篇章。

中国与韩国1992年建立外交关系以来,双边关系得到了全面的快速的发展。两国领导人频繁互访,两国军方保持高层交往。两国科技、文化、教育、司法部门及不少地方政府之间均建立了友好交往与合作关系。截至2018年,韩国在华留学生6.7万人,中国在韩留学生6万人,均居对方国家外国留学生之首。韩国有23家孔子学院和5个孔子课堂。"韩流"在中国流行,"汉风"在韩国劲吹,成为两国友好文化交流的象征。

中韩经济联系是中韩关系的又一个显著收获。2015年6月,中韩双方正式签署了《中韩自贸协定》,当年年底正式生效。据中国海关统计,2018年中韩双边进出口总额3134.3亿美元,同比增长11.8%。其中,中方出口1087.9亿美元,增长5.9%;进口2046.4亿美元,增长15.3%。中国是韩国最大贸易伙伴、最大出口市场和最大进口来源国,韩国是中国第三大贸易伙伴国。截止到2018年底,韩国对华累计投资770.4亿美元,中国对韩累计投资76.4亿美元。韩国是中国第二大外商直接投资来源地,中国是韩国第二大海外投资国。

朝鲜半岛的核问题是影响这个地区和平与稳定的重大问题。作为近邻，中国高度关注半岛局势发展，坚持实现半岛无核化，坚持维护半岛和平稳定，坚持通过对话协商解决问题。

2018年2月，韩国举办冬奥会，朝韩关系出现了缓和。4月17日，美国总统特朗普表达了美朝两国领导人直接对话的意图，美朝关系出现松动。一贯推动朝鲜半岛核问题矛盾的主要方面朝美进行谈判的中国，对这一积极进展表示欢迎。中国外交部发言人发表声明，表示希望有关各方共同努力，推动地区的和平和稳定。

◎ **中国与东南亚邻国的关系**

受冷战的影响，中国与东南近邻中不同国家的关系走过了不一样的发展历程。改革开放后，中国与作为一个整体的东盟关系开始改善。冷战后，随着东盟成为日益成熟的区域合作组织，中国与东盟国家的关系不断发展。1997年12月，中国和东盟领导人确定了面向21世纪的睦邻互信伙伴关系；2003年10月，中国作为首个东盟域外大国正式加入《东南亚友好合作条约》。

中国政府在1997年东南亚金融危机期间实施的积极政策，以及采取克制的态度对待同个别国家的领土主权争议，推动了中国与东盟双方自贸区谈判取得成就。为了应对金融危机的冲击，中国、日本和韩国开始与东盟开展对话与合作，形成了东盟与中日韩（10+3）和东盟与中国（10+1）的合作机制，成为促进中国与东盟合作的重要机制。2010年中国与东盟建立了世界上最大的自由贸易区，成为第一个与东盟达成自贸协议的国家。2003年中国与东盟建立战略伙伴关系以来，中国-东盟合作从小到大，硕果累累。其中有三个支柱。一是以东盟与中日韩、东盟与中国、东亚峰会和东盟地区合作论坛为代表的多边合作。二是经贸关系，中国连续10年保持东盟第一大贸易伙伴地位。2018年双边贸易额创纪录地达到5878.7亿美元，同比增长14.1%，双向累计投资超过2000万美元。三是人文交流，中国已经成为东盟第一大境外游客来源地，每周有近4000架次航班往来于中国与东盟国家，2018年中国与东盟人员往来突破5700万人次。中国-东盟合作已经成为亚太区域合作中最为成功和最具活力的典范。

在与作为一个整体的东盟保持密切合作的同时，中国与作为东盟成员国的邻国之间的关系也不断取得进展。中国与东盟成员国之间保持高频率的高层往来，通过双边互访实现了中国与东盟10国领导人交往全覆盖。2013年10月，习近平主席在印度尼西亚国会发表的演讲中提出的共建21世纪"海上丝绸之路"的倡议，为中国发展与东盟各国的关系提供了新的动力。

南海问题是近年来影响中国与东南亚邻国关系的最大障碍。20世纪70年代，南海周边的个别邻国对中国南海一些岛屿提出领土要求，引发海洋领土纠纷。冷战结束后，这个问题凸现出来，加上外部势力的介入，近年来成为地区热点问题。

中国在南海问题上倡导"双轨思路"，即在充分尊重历史事实和国际法的基础上，由直接当事方和平协商解决具体争议，南海和平稳

2018年10月26日，第二届东盟文化周亮相第13届中国北京国际文化创意产业博览会。

2018年10月18日，中国－菲律宾南海问题双边磋商机制第三次会议在北京举行。

定则由中国同东盟共同维护。2002年11月，中国和东盟国家达成《南海各方行为宣言》，并开始为制定"南海行为准则"（COC）展开谈判。至2018年的第51次东盟外长会议上，中国与东盟国家就"南海行为准则"单一磋商文本草案达成协议，为准则的达成迈出了坚实的一步。

◎ 中国与西北邻国的关系

中国西北邻国苏联的解体，使中苏之间尚未解决的历史遗留边界问题转变为中国与俄罗斯、哈萨克斯坦、吉尔吉斯斯坦、塔吉克斯坦四国的边界问题。为探讨解决历史遗留的边界问题，中国与这四个国家于1996年和1997年分别达成关于在边境地区增加军事领域信任和关于在边境地区相互裁减军事力量的协定，形成了"上海五国"机制，不仅促成了历史遗留边界问题的和平解决，也增加了成员国之间的信任，将相关国家的合作从安全扩展到政治、外交、经济、文化等领域。

2001年，"上海五国"在富有成效合作的基础上，成立了"上海合作组织"。该组织对内遵循互信、互利、平等、协商、尊重文明多样性、谋求共同发展的"上海精神",对外奉行不结盟、不针对其他国家和地区、对外开放等原则,不断促进相互之间的合作,影响也在不断扩大。

上海合作组织成立以来,机制化程度不断提高,规模不断扩大。2001年乌兹别克斯坦加入,2017年印度和巴基斯坦在阿斯塔纳上合组织峰会上成为正式成员,上海合作组织的正式成员国增加为八个。此外,它的成员还包括阿富汗、白俄罗斯、伊朗、蒙古国等观察员国,以及阿塞拜疆、亚美尼亚、柬埔寨、尼泊尔、土耳其和斯里兰卡等对话伙伴国。上合组织反对暴力恐怖、民族分裂和宗教极端三股势力,维护地区和平、安全和稳定,成为增加成员国之间信任的重要平台。

受到西北中亚邻国自身经济能力的限制,中国与这些邻国的关系呈现出政治、安全关系与经济、社会文化关系发展不平衡的状况。中国是塔吉克斯坦、土库曼斯坦、吉尔吉斯斯坦的第一大贸易伙伴,是哈萨克斯坦、乌兹别克斯坦的第二大贸易伙伴,但是,中国与中亚国家贸易额还不到中国贸易总额的1%。

2018年8月31日,山东威海开通至乌兹别克斯坦中亚快速班列。

2013年9月，习近平主席在哈萨克斯坦提出了建设"丝绸之路经济带"的倡议，得到了中亚国家的积极响应。随着"丝绸之路经济带"建设的逐步展开，中国与中亚邻国通过加强政策沟通、道路联通、贸易畅通、货币流通、民心相通，以点带面，从线到片，逐步形成区域大合作，推动欧亚各国经济联系更加紧密、相互合作更加深入。

"上合"机制和"一带一路"倡议成为中国发展与西北邻国关系的两个车轮。前者维护地区安全与稳定，后者推动中国与西北邻国在政策上互相协调，确保"丝路倡议"与这些国家的"发展之路"倡议对接、政策对接。两个轮子相辅相成，最终实现政治安全关系与经济和社会关系的平衡发展。

◎ 中国与西南邻国的关系

中国同南亚国家，特别同印度、巴基斯坦之间领导人互访不断，推动了中印关系的改善和中巴传统友谊的巩固；中国也积极推动阿富汗的和平重建，构建安全稳定的西南关系。

中国和印度在历史上都创造了灿烂的文化，为世界文明作出了巨大贡献。近代以来，印度沦为殖民地，中国则沦为半殖民地。第二次世界大战后，印度获得独立，建立了民族主义国家，中国建立了社会主义国家。共同命运促进了两国密切合作，并共同向世界倡导和平共处五项原则。

20世纪60年代，中印曾因边界分歧爆发战争，至今尚未就双方有争议的12万多平方公里的领土达成协议。冷战结束后，双方关系逐步改善，就边界问题签署了3份协定，包括《关于在中印边境实际控制线地区保持和平与安宁的协定》（1993年）、《关于在中印边境实控线地区军事领域建立信任措施的协定》（1996年）和《解决中印边界问题政治指导原则的协定》（2005年）。2003年中印签署《中印关系原则和全面合作宣言》，各自任命特别代表探讨解决边界问题

2018年6月4日，中国国务委员兼外交部长王毅出席金砖国家外长在南非比勒陀利亚举行的正式会晤。

的框架；至2018年底，双方已进行21次会晤。2013年印度总理辛格访华期间，双方签署了《边防合作协议》，承诺继续保持中印边境实控线地区的和平、稳定与安宁。

在政治上，2000年中印两国领导人确认建立"面向21世纪的建设性战略伙伴关系"，两国政府之间也建立涉及多个领域的合作或对话机制。至2018年4月中印战略经济对话已经举行了4次，至2018年3月中印经贸联合小组已经举行了11次会议，促进中印经贸关系健康发展。在国际经济增长乏力的情况下，中印双边贸易额不断上升，2018年达到955.43亿美元，同比增长13.2%。

在多边领域，中印双方在联合国、二十国集团、金砖国家首脑会议、世界贸易组织、上海合作组织内保持密切磋商和协调，就联合国的作用和改革、国际金融危机、气候变化、能源和粮食安全等重大问题协调立场，确保中印关系稳定发展势头。中国外交部长王毅明确表示，"中方愿意同印度继承弘扬友好传统，同印度人民交朋友、做伙伴。希望双方打开心结，相向而行。用信任代替猜忌，以对话管控分歧，靠合作开创未来。"

巴基斯坦是最早承认新中国的国家之一。自20世纪60年代以来，中国和巴基斯坦之间的关系经历了风雨考验，形成全天候战略合作伙伴关系。巴基斯坦是中国的"好邻居、好朋友、好伙伴、好兄弟"。

1996年，中巴双方决定建立面向21世纪的中巴全面合作伙伴关系。2005年4月，温家宝总理访巴期间，双方签署《中巴睦邻友好合作条约》，宣布建立更加紧密的战略合作伙伴关系。2017年，巴基斯坦成为"上合组织"的正式成员。

两国政治关系良好发展为其他领域的合作创造了条件。2006年，两国签署自由贸易协定，于2007年7月顺利实施。中国提出"一带一路"倡议为中巴合作提供了新的平台。2013年5月，李克强总理访问巴基斯坦期间提出了旨在加强中巴之间交通、能源、海洋等领域的交流与合作的中巴经济走廊的建议。该项目自2015年4月启动以来，在瓜达尔港、能源、交通基础设施和产业合作等方面取得了阶段性成果，成为中巴经济走廊建设的亮点。2018年，中巴贸易额达到190.8亿美元，同比下降0.95%，比2017年的200亿美元略有回落。中国是巴基斯坦仅次于欧盟的第二大贸易伙伴。

2016年11月13日，首批中国商船从巴基斯坦瓜达尔港出海，将货物运往中东和非洲。

在国际上，巴基斯坦在台湾、西藏、人权等问题上完全支持中华人民共和国，反对西方国家干涉中国内政。中国支持巴基斯坦维护国家安全，反对外来干涉。在反恐问题上，双方保持合作，互相支持，举行联合反恐演习。

中国在南亚地区的外交努力，促进了中国与印度和巴基斯坦这两个具有重要影响的发展中国家的关系，缓和了西南地区的紧张局势，大大改善了西南地区的安全环境。

巩固同广大发展中国家的团结合作

发展中国家主要集中在亚非拉地区，其中绝大多数国家与中国有相似的历史遭遇、共同的处境和愿望，具有发展双边关系的良好基础。新中国与广大发展中国家关系的历史，是互相支持、互相帮助、团结协作的历史。

新中国成立后不久，就开始支持亚非正在争取独立的民族解放斗争。从20世纪60年代中期以后，中国对亚非广大发展中国家的援助范围广，数量多，形式多样，影响巨大。新独立的民族主义国家也对中国提供了雪中送炭般的支持。

改革开放以后，中国提出把加强与广大发展中国家的团结与合作作为中国对外关系的立足点和出发点，把与发展中国家的合作当成中国全方位对外开放的一部分，努力探讨同广大发展中国家进行互利合作的新途径，支持并参与南南合作。双边合作内容不断丰富，规模迅速扩大，形成合作共赢局面。

随着中国经济的持续稳定发展，中国在国际上地位不断上升，但中国始终坚持世界最大发展中国家的国际定位，一直将发展与广大发展中国家的关系当作中国对外关系的一个支柱，加强同发展中国家的团结合作，加大对发展中国家特别是最不发达国家的援助力度，促进缩小南北发展差距。中国支持扩大发展中国家在国际事务中的代表性和发言权，秉持正确义利观和真、实、亲、诚的理念加强同发展中国家团结合作。

2013年，习近平担任国家主席后就访问非洲、拉美，同数十个国家领导人举行双边或集体会晤，签署一批有利于非洲国计民生的大项目。为加强同新兴市场和发展中国家团结合作，中国推动金砖国家设立开发银行和外汇储备库等，增强这一重要的发展中国家合作平台的生机与活力。由于具体条件不同，中国与不同地区的发展中国家的关系历史稍有不同，也展现出不同的特点。

◎ 中国与非洲的关系

中国是世界上最大的发展中国家，非洲是发展中国家最集中的大陆，广大阿拉伯国家也都属于发展中国家。新中国与广大非洲和阿拉伯国家关系开始于1955年在印度尼西亚万隆召开的亚非会议。中国总理周恩来在这次会议上提出了求同存异的原则，化解了一些发展中国家的疑虑和误解。1956年中国与埃及建交，开启了新中国与非洲和阿拉伯国家的外交关系。迄今，中国已同53个非洲国家中的52个国家和所有阿拉伯国家建立了外交关系。

中国与广大非洲和阿拉伯国家之间一直互相支持。中国支持他们巩固和维护民族独立、发展民族经济的愿望。周恩来总理在1963年12月至1964年2月访问亚非十国期间，提出了中国同非洲和阿拉伯国家关系的五项原则和中国对非洲国家援助的八项原则。

非洲国家一直支持恢复中国在联合国的合法席位。1971年第26届联合国大会上，76个投票支持恢复中华人民共和国在联合国合法权利议案的国家中，有26个非洲国家。毛泽东主席诙谐地说："是非洲朋友把我们抬进联合国的。"

中国恢复联合国席位后，坚定地站在广大发展中国家一边。1982

1971年,中国恢复联合国合法席位,中国代表团笑逐颜开。

年联合国秘书长选举期间,中国连续16次投票支持坦桑尼亚外长萨里姆竞选联合国秘书长。虽然最后萨里姆没有当选,但当选的德奎利亚尔也来自发展中国家。1991年中国积极支持非洲国家竞选联合国秘书长,最后埃及副总理加利当选,此后当选联合国秘书长的科菲·安南同样来自非洲。

改革开放后,中国新任总理首次出访选择了非洲,并在访问过程中提出了拓展与发展中国家经贸关系的四项原则,即"平等互利,讲求实效,形式多样,共同发展",实现了中非关系从争取独立到谋求发展的转型,拓宽了中国与非洲国家关系的渠道。

冷战结束后,中国与广大非洲发展中国家的关系得到了进一步发展。中国外交部长每年的第一次出访均选择非洲,这已经成为中国对外关系的一个惯例。从2000年10月至2015年底,中国国家领导人对非洲国家进行了149次访问,非洲国家领导人访华更是多达379起。2013年,习近平担任国家主席后首次出访便选择了非洲,他在坦桑尼亚发表重要演讲,用"真、实、亲、诚"四个字阐述新时期中国对非政策。2014年,中国设立驻非盟使团,中国与非盟关系进入新阶段。

自 1963 年中国向阿尔及利亚派出第一支援非医疗队以来，有统计显示，截至 2017 年底，中国向非洲 50 多个国家和地区派出医疗队员累计 2.1 万人次，诊治患者 2.2 亿人次，培训各类卫生人才 8 万人次。中国遭遇困难时，非洲兄弟同样第一时间伸出援手。2008 年中国汶川特大地震发生后，非洲人民向中国提供了超过 1000 万美元的捐款，赤道几内亚总统还亲自护送该国捐款上飞机。

中非双方是发展道路上的真诚伙伴，是国际事务中的天然同盟军。为了共同应对新世纪挑战，在一些非洲国家推动下，中国倡议成立中非合作论坛，形成了中国和非洲国家在南南合作范畴内的集体对话机制。论坛的宗旨是平等磋商、增进了解、扩大共识、加强友谊、促进合作；每三年召开一次部长级会议，规划中非合作的蓝图、推动中非合作不断迈上新的台阶。

第一届部长级会议于 2000 年 10 月在中国北京举行，通过了《中非合作论坛北京宣言》和《中非经济和社会发展合作纲领》。中国在

2014 年 11 月 14 日晚，中国人民解放军新一批援非抗击埃博拉医疗队在首都机场举行出征仪式。

2006年11月4日,中非合作论坛北京峰会在人民大会堂隆重开幕。

论坛框架内首次承诺向非洲援助的一揽子计划。

第二届部长级会议于2003年12月15日在埃塞俄比亚亚的斯亚贝巴举行,发表了《中非合作论坛——亚的斯亚贝巴行动计划(2004—2006年)》,中国承诺在2004年至2006年的三年间继续增加对非洲的援助。

第三届中非合作论坛部长级会议和首次峰会2006年11月在北京召开,通过了《中非合作论坛北京峰会宣言》和《中非合作论坛-北京行动计划(2007—2009年)》,中国宣布了八项对非援助措施。

第四届部长级会议于2009年11月在埃及沙姆沙伊赫举行,通过了《中非合作论坛沙姆沙伊赫宣言》和《中非合作论坛-沙姆沙伊赫行动计划(2010至2012年)》两份成果文件,明确了未来中非合作的方向。

第五届部长级会议2012年7月在北京召开,公布了《北京宣言》和《中非合作论坛第五届部长级会议-北京行动计划(2013至2015年)》,对中非合作的新重点进行了规划。

第六届部长级会议和第二次峰会于2015年12月在南非约翰内斯

堡召开，通过《中非合作论坛约翰内斯堡峰会宣言》和《中非合作论坛-约翰内斯堡行动计划（2016—2018年）》两个峰会成果文件。会议一致同意将中非关系提升为全面战略合作伙伴关系。

第七届部长级会议和第三次峰会于2018年9月在北京召开，会议通过《关于构建更加紧密的中非命运共同体的北京宣言》和《中非合作论坛-北京行动计划（2019—2021年）》。

中非合作论坛成立以来已经举行了七次部长级会议和三次峰会。每次会议都发表宣言，对中非未来三年的发展进行全面的规划。2015年的第六届部长级会议和第二次峰会及2018年的第七次部长级会议和第三次峰会可以作为典型的例子。

在2015年举行的约翰内斯堡峰会上，中非双方同意将中非关系提升为全面战略合作伙伴关系，决心共同致力于做强和夯实政治上平等互信、经济上合作共赢、文明上交流互鉴、安全上守望相助、国际事务中团结协作等"五大支柱"，着力实施工业化、农业现代化、基础设施建设、金融、绿色发展、贸易和投资便利化、减贫惠民、公共卫生、人文、和平和安全"十大合作计划"，充实中非全面战略合作伙伴关系内涵，并明确了内容翔实的具体落实步骤。

为确保约翰内斯堡峰会提出的"十大合作计划"顺利实施，中方承诺向非洲提供总额600亿美元的资金支持，包括50亿美元的无偿援助和无息贷款，350亿美元的优惠性质贷款及出口信贷额度，设立首批资金为100亿美元的"中非产能合作基金"，解决非洲经济发展的瓶颈问题以及投资和外汇短缺问题。

在推进中非"十大合作计划"基础上，在2018年的北京峰会上，习近平主席提出与非洲国家携手打造责任共担、合作共赢、幸福共享、文化共兴、安全共筑与和谐共生的中非命运共同体的愿景规划，为未来三年和今后一段时间中非合作规划了产业促进、设施联通、贸易便利、绿色发展、能力建设、健康卫生、人文交流与和平安全行动等"八大行动"。

为推动"八大行动"顺利实施，中国再次承诺以政府援助、金融机构和企业投融资等方式，向非洲提供600亿美元支持。其中包括：提供150亿美元的无偿援助、无息贷款和优惠贷款；提供200亿美元的信贷资金额度；支持设立100亿美元的中非开发性金融专项资金和50亿美元的自非洲进口贸易融资专项资金；推动中国企业未来三年对非洲投资不少于100亿美元。同时，免除与中国有外交关系的非洲最不发达国家、重债穷国、内陆发展中国家、小岛屿发展中国家截至2018年底到期未偿还的政府间无息贷款债务。

中非关系快速发展惠及中非人民，受到广大非洲国家的欢迎，引起国际社会广泛关注和积极评价。中国对非援助和与非合作，与历史上西方殖民者以武力或欺骗手段在非洲掠夺资源、贩卖人口、占领土地、毁灭文化、干涉内政有着根本的不同。"不干预非洲国家探索符合国情的发展道路，不干涉非洲内政，不把自己的意志强加于人，不在对非援助中附加任何政治条件，不在对非投资融资中谋取政治私利"，是中国的一贯政策。中国以等价交换的方式发展中非贸易，帮助非洲修建基础设施，改善了非洲面貌，使非洲人民真正获得了好处。中国对非援助的意愿是真诚的，同非洲开展合作的方式是互利共赢的。

从坦赞铁路到蒙内铁路

坦赞铁路东起坦桑尼亚的达累斯萨拉姆，西迄赞比亚中部的卡皮里姆波希，全长1860.5公里，由中国政府提供9.88亿元人民币无息贷款援建修筑；1970年10月动工兴建，1976年7月全线完成。坦赞铁路把坦赞两国连结在一起，为赞比亚出口提供了一条可靠的出海通道，打破了当时南非种族主义政权的封锁，保证了赞比亚的主要收入来源。

> 蒙内铁路东起肯尼亚东部港口蒙巴萨，西至首都内罗毕，是中国帮助肯尼亚修建的一条全线采用中国标准的标轨铁路；2014年9月开工，2017年5月31日建成通车；全长达480公里，合同金额38.04亿美元，是肯尼亚独立以来的最大基础设施建设项目。蒙内铁路增加了东非国家的运力，推进了东非地区的互联互通和一体化建设，促进了各国经济发展。

中非互利共赢的经济合作在21世纪不断得到拓展。2009年，中国成为非洲第一大贸易伙伴国。2012年，中国与非洲贸易总额达到1984.9亿美元。此后，受到国际经济不景气的影响，中国与非洲国家的贸易出现了下滑。2015年到2017年，中非贸易总额分别为1790.3亿美元、1492亿美元、1700亿美元，2018年上升到2042亿美元，中国连续10年保持非洲第一大贸易伙伴国的地位。截止到2018年，中国在非设立各类企业超过3700家，非金融类直接投资超过480亿美元。非洲目前是中国企业在海外的第二大承包工程市场和新兴投资目的地。中非经贸合作，促进了非洲国家民生的改善和经济的多元化发展，为中国经济社会发展提供了有力支持，为促进世界经济的平衡发展作出了积极贡献，成为南南合作的典范。

随着中非关系进一步深化，双方的合作方式也在多元化，由原来的中国对非援助扩展到贸易和工程承包，还包括中国在非洲设立工业和贸易示范园，双方资金合作、人文交流多个领域。其中，人文领域的合作与中国帮助非洲进行能力建设已经成为中非双边关系的重要支柱。2015年，中方承诺为非洲援建5所文化中心，为非洲1万个村落实施收看卫星电视项目；为非洲提供2000个学历学位教育名额和3万个政府奖学金名额；每年组织200名非洲学者访华和500名非洲青年研修；每年培训1000名非洲新闻领域从业人员。

2017年5月31日,蒙巴萨至内罗毕标准轨铁路通车仪式在肯尼亚蒙巴萨举行。图为肯尼亚总统肯雅塔登上开往内罗毕的客运列车。

在2018年的北京峰会上,中国决定在非洲设立10个鲁班工坊,向非洲青年提供职业技能培训;支持设立旨在推动青年创新创业合作的中非创新合作中心;实施头雁计划,为非洲培训1000名精英人才;为非洲提供5万个中国政府奖学金名额、5万个研修培训名额,邀请2000名非洲青年来华交流。

◎ 中国与阿拉伯国家的关系

中东地缘政治重要,长期受困于战争和动荡,是大国竞争的重要区域。中国在中东执行"三不政策",即"在中东不找代理人,而是劝和促谈;不搞势力范围,而是推动大家一起加入'一带一路'朋友圈;不谋求填补'真空',而是编织互利共赢的合作伙伴网络",在各种矛盾中维持平衡。中国同中东主要国家伊朗、沙特、埃及、以色列、土耳其均保持正常关系,同8个阿拉伯国家建有全面战略伙伴关系、战略伙伴关系或战略合作关系,同沙特、埃及、伊朗、土耳其、卡塔尔、科威特、约旦等9个阿拉伯国家签署了关于共建"一带一路"的协议，中东有10个国家是亚投行创始成员国。中国与所有阿拉伯国家签署经济、贸易和技术合作协定，是10个阿拉伯国家的最大贸易伙伴。2018年中阿贸易额达到2443亿美元，同比增长28%，其中中国出口1394亿美元，进口1049亿美元。

在中非合作论坛取得成功后，中国与阿拉伯国家2004年成立了"中国－阿拉伯国家合作论坛"，为加强中国与阿拉伯国家集体对话与合作建立了新机制。2018年7月，在中阿合作论坛第八届部长级会议上，双方同意建立全面合作、共同发展、面向未来的中阿战略伙伴关系；签署了《北京宣言》和《2018—2020年行动执行计划》等成果文件，涵盖十多个合作领域，为未来中阿共建"一带一路"制定了清晰可行的路线图。习近平主席在讲话中宣布，为推动金融同业交流合作，中方将配备30亿美元金融合作专项贷款，成立"中国－阿拉伯国家银行联合体"。

2018年11月23日，来自十余个阿拉伯国家的政党领导人等在浙江杭州参观、走访，了解当地社会、经济等发展情况。

2018年8月21日，国务委员兼外交部长王毅在北京与萨尔瓦多外长卡斯塔内达举行会谈。会谈后，两国外长签署了《中华人民共和国和萨尔瓦多共和国关于建立外交关系的联合公报》。

◎ 中国与拉美国家的关系

中国与广大拉丁美洲国家都属于发展中国家，地理上相距遥远，自然条件、社会制度、文化传统等方面有很大不同。中国与拉美地区国家关系起步比较晚，但发展很快，目前已经成为中国与广大发展中国家关系中的一个重要组成部分。

拉丁美洲传统上被称为美国的"后院"。除古巴于1960年与中国建立了外交关系外，中国与其他拉丁美洲国家的关系直到20世纪70年代，随着中美关系缓和才有了突破。至2018年，中国与除巴拉圭以外所有南美国家建立了外交关系。2017年中国与巴拿马建交，2018年中国先后与多米尼加共和国、萨尔瓦多共和国相互承认并建立外交关系，至此，中国与中美洲20个国家中的11个建立了外交关系。

改革开放后，中国把发展与包括拉美国家在内的发展中国家的团结与合作作为中国对外政策的立足点。1985年中国政府首脑首次出访拉美，提出了中国发展同拉丁美洲国家关系的四项原则——和平友好、互相支持、平等互利、共同发展，与哥伦比亚、巴西、阿根廷和委内瑞拉四国签署了15项有关政治、经济、贸易、科技、文化、金融合作的协议，为中国与拉丁美洲国家开展各个领域的友好合作奠定了基础。从此，中国与拉丁美洲国家之间的关系出现了多渠道、多层次、官民并举、全面发展的新态势。

冷战结束后，全球化进程的快速发展拉近了中国与广大拉丁美洲国家的距离。江泽民主席于1997年访问墨西哥，2001年访问智利、阿根廷、乌拉圭、古巴、委内瑞拉和巴西等拉美六国。从1996年到2000年的四年间，先后有八位拉美发展中国家的总统、三位国家总督及三位国家总理对中国进行正式友好访问。最高领导人之间的互访，促进了中国同拉丁美洲国家之间关系的发展。

进入21世纪后，中国与拉丁美洲国家的关系获得新的发展，高层互访不断，政治关系加强，经贸关系取得新的进展，人文等各领域

2018年4月5日，作为中国与巴拿马之间首条直飞航线首航班机的国航CA885航班降落在巴拿马城托库门国际机场。

2015年1月8日,中国-拉美和加勒比国家共同体论坛首届部长级会议在北京钓鱼台国宾馆举行。

交流合作不断扩大,呈现出全方位、宽领域、多层次发展的良好态势,成为南南合作的重要典范。胡锦涛主席于 2004 年和 2008 年先后访问了巴西、阿根廷、智利、古巴四国和哥斯达黎加、古巴、秘鲁三国。2008 年中国外交部发布了《中国对拉丁美洲和加勒比政策文件》,阐述了中国对拉美政策的目标、合作领域,提出了中拉合作的指导原则,为推动中拉关系全面发展奠定了更加坚实的基础。

习近平主席就任第一年即于 2013 年 5 月底 6 月初对特立尼达和多巴哥、哥斯达黎加和墨西哥三国进行国事访问,在特多同加勒比八个建交国领导人举行会晤。2014 年 7 月,习近平主席借出席在巴西举行的金砖国家领导人第六次会晤之机,对巴西、阿根廷、委内瑞拉、古巴进行国事访问。2016 年 11 月,习近平主席赴秘鲁利马出席亚太经合组织第 24 次领导人非正式会议,对厄瓜多尔、秘鲁、智利进行国事访问。习近平主席第一任期内三度访拉，足迹遍及十国，同七个拉美国家协议建立全面战略伙伴关系，赋予中拉关系新的发展目标和发展动力。在这些访问过程中，中拉领导人就新时期进一步加强中拉合作达成的重要共识，夯实了中拉关系的政治基础，为双边关系发展注入了新的活力。

自 1993 年中国与巴西建立"战略伙伴关系"以来，中国与墨西哥、阿根廷、秘鲁、委内瑞拉、智利和古巴等国家先后建立了"全面战略伙伴关系"，同拉美和加勒比 21 个国家建立了外交部间政治磋商机制。中拉政治磋商进一步制度化，对话机制不断完善。中拉智库交流论坛、中拉法律合作论坛、中国－拉丁美洲和加勒比友好协会等民间交流机制富有成效。

中国与拉丁美洲的合作还表现在多边领域。金砖国家领导人会晤、

2018 年 4 月 28 日清晨，运营于"一带一路"沿线国家的"智利国航阿劳科"号集装箱轮靠泊宁波舟山港。

二十国集团领导人峰会、亚太经合组织领导人非正式会议期间，中国都与拉美主要国家保持密切的沟通和协作。继1991年和1993年中国成为美洲开发银行、拉美一体化协会的观察员之后，2000年和2004年，中国又先后成为美洲国家组织和联合国拉美经委会观察员。

2014年，中国与11个拉美和加勒比国家领导人共同宣布成立中国-拉共体论坛。2015年1月8日至9日，中拉论坛首届部长级会议在北京举行。2018年1月19日至22日，论坛第二届部长级会议在智利圣地亚哥举行，并发布了《圣地亚哥宣言》和《中国与拉美和加勒比国家合作（优先领域）共同行动计划（2019—2021）》。会议还专门通过并发表了《"一带一路"特别声明》。习近平在给中拉论坛第二届部长级会议的贺信中倡议，以共建"一带一路"引领中拉关系，"打造一条跨越太平洋的合作之路，把中国和拉美两块富饶的土地更加紧密地联通起来，开启中拉关系崭新时代"。

政治关系的增强为中国与拉丁美洲主要国家之间在经贸领域的合作创造了条件。中国同拉美16个国家签订了经济技术合作协定或经济合作协定，同11个国家签订了鼓励和相互保护投资协定，同5个国家签订了避免双重征税协议，同智利、秘鲁、哥斯达黎加签署并顺利实施自贸协定，同哥伦比亚启动自贸协定联合可行性研究。这些都推动中拉经贸合作取得显著成就。

中国改革开放初期的1979年，中国与拉丁美洲地区国家的贸易总额只有10亿美元。2012年，中国与拉美国家的贸易额达2612亿美元，占中国对外贸易总额的6.8%。此后几年，受国际经济形势和拉美国家经济不景气的影响，中拉贸易额有所下降。2017年反弹回升后，中拉贸易额近2600亿美元，2018年增加到3074亿美元。中国对拉累计直接投资超过2000亿美元。中国已成为拉美第二大贸易伙伴国。拉美是全球对华出口增速最快的地区，也是中国海外投资仅次于亚洲的第二大目的地和中国对外开展境外承包业务的第三大市场。

中拉经贸合作中的科技含量也在不断提升，合作内容逐渐向高科技领域拓展。例如，中国与巴西在和平利用原子能、和平利用外层空间、共同研制地球资源探测卫星等方面进行了合作，中国与巴西联合研制的3颗地球资源探测卫星已相继升空。中国与委内瑞拉签订了石油勘探开发合作议定书，2008年为委内瑞拉发射"委内瑞拉通信卫星一号"，2012年9月为委内瑞拉发射"委内瑞拉遥感卫星一号"，这是委内瑞拉拥有的第一颗遥感卫星，也是中国首次向国际用户提供遥感卫星整星出口和在轨交付服务。中国与智利和阿根廷合作对南极进行科学考察，与阿根廷签订了和平利用原子能的合作协定。

在文化领域，至2018年，中国已在拉美和加勒比国家开设了43所孔子学院。中方自2012年起5年内向拉美和加勒比国家提供5000个奖学金留学生名额，越来越多的中国留学生前往拉美国家学习深造。拉美和加勒比33个建交国均成为中国公民出境旅游目的地国，中国对拉开通运营5条直航航线，每年赴拉中国游客人数超过10万人。

中拉经贸合作领域不断拓宽，基础更加稳固，中拉关系的发展无论是速度、广度还是深度，都达到了历史最好水平。广大拉丁美洲国家在中国对外关系格局中的地位正在上升，成为中国对外关系中越来越重要的一部分。

第三章 中国的多边外交

　　当代中国同世界的关系发生了历史性变化,中国的前途命运日益紧密地同世界的前途命运联系在一起。中国正以自己的发展促进世界的发展,以自己的繁荣促进世界的繁荣,以负责任的态度为维护世界和平、促进人类进步发挥建设性作用。中国积极参与多边外交,在国际事务上发挥建设性作用,推动国际秩序朝着更加公正合理的方向发展。

参与国际机制,拓展多边外交

近代以来,西方率先实现了工业化,经济上逐步强大起来,促进了世界经济的一体化和文明的碰撞、融合。在这个过程中,中国的国门被西方国家的坚船利炮打开,中国由"天朝大国"沦落为半殖民地半封建国家。在这个血腥和屈辱的过程中,有不少仁人志士进行了各种试图拯救中国命运的尝试:中学为体、西学为用的洋务运动在中日甲午战争后失败了;戊戌变法仅仅持续了100天就夭折了;辛亥革命虽然推翻了封建统治,却没能改变中国在国际上的屈辱地位,中国在被纳入国际体系后一直处于从属和被动地位。

在中国共产党领导下,中国各族人民经历了长期艰难曲折的斗争,终于推翻了帝国主义、封建主义和官僚资本主义的统治,取得了新民主主义革命的伟大胜利,于1949年建立了中华人民共和国。新中国政府希望独立后的中国能在平等和互相尊重的基础上与西方国家建立关系,参与国际社会,为世界的和平繁荣作出自己的贡献。

新中国成立不久,周恩来总理兼外长致电联合国秘书长赖伊,要求驱逐国民党当局在联合国的代表,并通知联合国,新中国政府已任命张闻天为中国驻联合国代表。但由于美国的阻挠,中国的要求没有得到实现。朝鲜战争后,美国又借口朝鲜问题搁置了联合国对新中国在联合国合法席位的讨论。受当时国际政治力量分野和冷战环境的限制,中国与国际社会的联系最初局限于与苏联和东欧社会主义国家,以及少数周边国家。

20世纪60年代中苏关系恶化后,中国在国际体系内不仅与西方国家处于对峙状态，与社会主义国家之间的关系也受到严重影响。尤其是1966年"文革"爆发后，中国在国际上一度陷入孤立。中国退出了曾经参与的少数国际组织，还一度停止参加一些国际体育比赛。

20世纪70年代，中国与国际体系关系开始发生变化。1971年10月26日，第26届联大通过2758号决议，恢复中华人民共和国在联合国的一切合法席位。这标志着中国迈出了参与国际组织、融入国际体系的重要一步。到1977年，中国参加了包括联合国在内的21个国际组织，签署或支持45项国际条约、协定、公约。

1978年是中国历史转折的一年。中国从这一年开始实施由沿海到内地逐步推进的对外开放政策。在"请进来"的同时，中国积极"走出去"，调整政策，积极参与到联合国组织的活动当中，开始了真正融入国际体系的进程。在经济领域，1980年中国加入了世界银行和国际货币基金组织，1982年中国恢复在关税及贸易（关贸）总协定的观察员地位，1986年中国正式申请恢复在关贸总协定中的缔约国地位。

在安全领域，中国从1980年开始参加日内瓦裁军谈判会议及其下属各特委会和工作组的活动。到1986年底，中国已经加入了联合国及其下属所有多边组织的活动。当年召开的六届全国人大四次会议通过的《政府工作报告》首次明确指出："中国支持联合国组织根据宪章精神所进行的各项工作，积极参加联合国及其专门机构开展的有利于世界和平与发展的活动。中国广泛参加各种国际组织，开展积极的多边外交活动，努力增进与各国在各个领域的合作。"这标志着中国在政策层面改变了对以联合国为代表的多边国际机制的态度，预示着更多地参与。

冷战的结束消除了东西交往的政治障碍，世界经济被连为一体，全球化使国内问题和国际问题之间的界限越来越模糊，人类面临的问题日益趋同。在安全领域，冷战结束虽然消除了超级大国之间爆发大规模战争的可能性，国际局势总体上趋向缓和，但各种传统安全问题

2018年11月8日,第五届世界互联网大会"中外部长高峰论坛:弥合数字鸿沟"在浙江乌镇召开,来自世界各国主管通信和信息技术、文化传媒、经济发展、扶贫减贫等相关领域的部长、欧盟及其他重要国际组织负责人、国际知名专家等齐聚一堂。

远未解决,而非传统安全问题日显突出,国际安全领域的多边合作成为冷战后多边外交的一个主要领域。国际社会加强协商、扩大合作、共迎挑战的需要日益增加;国际组织在国际关系中的地位和作用凸显,多边外交空前活跃。

面对后冷战时期全球化的国际环境,中国坚定不移地实行对外开放政策,适应经济全球化趋势,积极参与国际经济合作与竞争,充分利用经济全球化带来的各种有利条件和机遇,同时又对经济全球化带来的风险保持清醒的认识。中国加入了更多的国际组织,参与更多的国际机制,拓展整体外交,进一步融入国际社会,取得了世人瞩目的成就。

从参加的多边国际组织来看,截至2015年,中国已加入了包括联合国所有专门机构和绝大多数全球性政府间国际组织在内的130多个国际组织,签署了400多项多边条约,缔结了2.3万多项双边条约,已经成为国际社会一个重要成员。其中既有像联合国、世界贸易组织、二十国集团对话会议等全球性组织,也有上海合作组织、东盟与中日韩对话机制这样的地区性组织,还有亚欧会议、亚太经合组织、中非合作论坛这样的跨地区组织。

在融入国际社会的过程中,中国奉行互利共赢的开放战略,提出以自己的发展促进地区和世界共同发展,扩大同各方利益的汇合点。在参加多边国际组织的过程中,中国主张多边主义和开放的地区主义,以发展中国家的身份,积极开展高层外交,宣示中国的理念及主张,拓展与各方关系,承担相应的责任和义务,维护中国的利益与国家形象,以积极的姿态为全球和地区问题的解决发挥建设性的作用。通过成立博鳌亚洲论坛、推动成立上海合作组织,以及推动和主持关于朝鲜核问题的六方会谈等,中国逐步扭转了过去被动参加多边外交的模式,成为多边外交机制的主动参与者、倡导者,乃至主导者。

当今中国与世界的关系发生了历史性变化,中国经济已经成为世

2017年11月2日,"2017博鳌亚洲青年论坛(香港)"在香港会展中心举行。

界经济的重要组成部分，中国已经成为国际体系的重要成员，中国的前途命运日益紧密地同世界的前途命运联系在一起。中国的发展离不开世界，世界的繁荣稳定也离不开中国；中国正以自己的发展来促进世界的发展，以自己的繁荣为世界的繁荣作贡献。

在联合国框架内发挥建设性作用

联合国是当今世界上最大、最具权威和最具普遍性的多边机构，其规模由创立之初的 51 个成员国发展到目前的 193 个成员国，已经成为国际多边外交的重要舞台，其活动和发挥作用的领域在后冷战时期涉及政治、经济、安全、人权及其他社会各方面。中国恢复在联合国合法席位后，每年都派出高级代表团参加联合国大会，就全球和地区性问题阐述中国的立场和观点。

作为联合国的创始国和安理会常任理事国之一，中国倡导和践行多边主义，重视联合国的作用，积极参与联合国在各个方面和各个领域的工作，支持其发挥应有的作用，承诺"坚定维护以联合国为核心的国际体系，坚定维护以联合国宪章宗旨和原则为基石的国际关系基本准则，坚定维护联合国权威和地位，坚定维护联合国在国际事务中的核心作用"。积极履行作为安理会常任理事国的责任和义务，是中国支持联合国的最主要途径和显著体现。中国承担联合国会费的比例从 1995 年的不到 1%，提高到 2012—2015 年的 5.15%，2016 年增加到 7.92%，2019 年开始增加到 12.01%。

2000 年，中国国家主席江泽民在参加联合国千年首脑会议期间，向全世界阐明了中国政府支持联合国发挥作用的立场：在新形势下，联合国的积极作用只能加强而不能削弱，联合国的权威必须维护而不能损害。中国将坚决维护《联合国宪章》的宗旨和原则，继续发挥联合国及其安理会在处理国际事务、维护世界和平方面的积极作用，确保全体会员国平等参与国际事务的权利。

2005年，胡锦涛主席在参加纪念联合国成立60周年大会时，提出要充分发挥联合国及其他多边机制的重要作用，在解决国际争端、维护和平以及人道主义援助等方面进一步发挥建设性的作用，并系统阐述了中国"建设持久和平、共同繁荣的和谐世界"外交理念和主张。

2015年，习近平主席出席联合国发展峰会时表达了中国对联合国的支持，阐述了中国对于后千年发展目标的立场。在2018年的新年致辞中，习近平承诺，"中国坚定维护联合国权威和地位，积极履行应尽的国际义务和责任，信守应对全球气候变化的承诺，积极推动共建'一带一路'，始终做世界和平的建设者、全球发展的贡献者、国际秩序的维护者。"

近年来，中国政府提出新的全球治理观念，即"共商、共建、共享的全球治理观"。在共建全球治理体系过程中，中国支持联合国发

2017年5月15日，"一带一路"国际合作高峰论坛在北京雁栖湖国际会议中心举行圆桌峰会，中国国家主席习近平同与会领导人和国际组织负责人集体合影。

挥积极作用，尊重联合国的宗旨和原则。中国坚定不移地推进以联合国为核心的全球治理体系变革，维护联合国的地位和权威，支持联合国根据形势发展变化不断革新完善，期待联合国在国际事务中发挥更大作用。在联合国框架内，中国在维护世界和平、解决国际和地区热点问题上扮演着越来越重要的角色，发挥着积极和建设性的作用。其中，中国参与联合国框架内维和行动、促进经济发展和消除贫困、参与人权事务以及应对气候变化领域的合作是典型的代表。

◎ **参与联合国维和**

维和行动是联合国履行其维护国际和平与安全责任的重要手段之一。《联合国宪章》规定，为维持国际和平及安全，"采取有效集体办法，以防止且消除对于和平之威胁，制止侵略行为和其他破坏；并以和平方法且依正义及国际法之原则，调整或解决足以破坏和平之国际争端或情势"。

从1981年第36届联大起，中国明确肯定联合国维持和平行动在缓和紧张局势方面所发挥的作用，表示原则上支持符合《联合国宪章》的维持和平行动，并于1982年开始缴纳有关摊款。中国在联合国维和费用中所承担的比例2010年为3.95%，2016年开始上升到10.2%，2019年开始上升到15.22%。中国是联合国维和经费和联合国经费的第二大贡献者，也是安理会常任理事国中派出维和部队最多的国家。为了增加对联合国维和事业的支持，习近平主席在参加2015年联合国峰会期间代表中国政府再次承诺，中国将设立为期10年、总额10亿美元的中国－联合国和平与发展基金。

中国1988年成为维和行动特别委员会成员，2001年成立国防部维和事务办公室，2002年加入联合国一级维和待命安排机制。2013年12月，中国首次派出395人的安全部队赴马里维和。自参与联合国维和行动至2018年底，中国先后参加24项联合国维和行动，累计派出维和人员3.9万人次。2015年，中国加入了新的联合国维和能力待命机制，率先组建常备成建制维和警队，建设8000人规模的维和待命部队；并在之后5年内对联合国维和任务最集中地区的多边机构——非盟提供总额为1亿美元的无偿军事援助，以支持非洲常备军和危机应对快速反应部队建设。

中国认为，联合国在维和方面应该发挥不可替代的主导作用，联合国维和应该遵循《联合国宪章》的宗旨和原则，以及其他国际关系准则，特别是尊重国家主权、不干涉内政以及征得当事方同意、中立、除自卫外不得使用武力等原则。中国认为这些原则是维和行动顺利进行并取得成功的根本保证。

中国参与联合国维和事务大事记

1982年1月，中国开始承担联合国维和费用。

1989年4月，中国参加联合国维持和平行动特别委员会会议。

1989年11月，中国首次派文职人员参加联合国维和行动。

1990年4月，中国首次派出军事观察员参加联合国维和行动。

1992年4月，中国首次派遣成建制非作战部队参加联合国维和行动。

2000年1月，中国首次派出民事警察参加联合国维和行动。

2002年2月，中国正式加入联合国一级维和待命安排机制。

2007年9月，来自中国的赵京民少将正式就任联合国西撒哈拉公民投票特派团部队司令，成为首位担任联合国维和部队高级指挥官的中国军人。

2013年12月，中国首次派出安全部队到马里维和。

2016年6月1日,中国第四支驻利比里亚维和警察防暴队开展实战演练。

◎在联合国框架内推动经济发展、消除贫困

改革开放以来,中国立足自身国情,走出了一条中国特色发展道路。中国国家主席江泽民参加了2000年首脑会议,对确立的联合国千年发展目标阐述了中国的立场,提出了中国的主张。十多年来,中国保持国内经济持续稳定发展,在教育、卫生、妇女等领域取得显著成就,贫困人口减少了4.39亿,增进了13亿多中国人的福祉,基本实现了千年发展目标,对联合国千年发展目标作出重大贡献。

中国还积极参与国际发展合作,加大对发展中成员特别是最不发达国家成员的援助力度,促进缩小南北发展差距。60多年来,中国共向166个国家和国际组织提供了近4000亿元人民币援助,派遣60多万援助人员。截至2018年3月,中国已对36个建交且已完成换文手续的最不发达国家97%税目产品实施零关税。中国利用多双边援助资源,帮助其他发展中成员,特别是最不发达国家成员加强基础设施建设、提高生产能力、发展贸易投资,帮助其他国家实现了千年发展

2018年3月31日,"非洲文化节·中非妇女发展基金慈善义卖"活动在北京举行。该活动由非洲驻华大使夫人协会、公共外交文化交流中心和中国妇女发展基金会共同发起。

目标。

2015年,联合国首脑会晤讨论通过2015年后发展议程。习近平主席在会议上提出了"公平""开放""全面""创新"的发展倡议。为了同各国一道为实现2015年后发展议程作出努力,习近平在会议上还作出承诺:中国将设立"南南合作援助基金",首期提供20亿美元,支持发展中国家落实2015年后发展议程;将继续增加对最不发达国家投资,力争2030年达到120亿美元;免除有关最不发达国家、内陆发展中国家、小岛屿发展中国家截至2015年底到期未还的政府间无息贷款债务;设立国际发展知识中心,同各国一道研究和交流适合各自国情的发展理论和发展实践;倡议探讨构建全球能源互联网,推动以清洁和绿色方式满足全球电力需求。

◎在联合国框架内推动人权改善和国际人权合作

增进并激励对于全体人类之人权及基本自由之尊重,是联合国的宗旨之一,保护和促进人权是《联合国宪章》规定的目标之一。

1979年中国派代表团作为观察员列席联合国人权委员会会议。1981年在联合国经社理事会上,中国当选为人权委员会成员。从1982年起,中国一直连任联合国人权委员会成员,并派代表参加了人权委员会的每一届会议,积极推动国际人权合作。中国支持联合国人权事务高级专员办事处(高专办)的工作,与高专办合作举办"中国－联合国司法研讨会",探讨全球范围内死刑改革趋势等问题。

中国重视人权问题,中国政府已经颁布和修订了许多法律以保护和促进人权。为了加强国际交流和沟通,中国自1991年首次发布《中国的人权状况》白皮书以来,已经发布了近30份关于不同领域人权状况的白皮书,将中国在促进和保护人权方面的努力和中国在人权领域的进展状况介绍给国际社会。

中国反对利用人权问题干涉别国内政,坚持在平等和相互尊重的基础上与有关国家开展双边人权对话与交流。在国际上,中国不仅与欧盟、澳大利亚、加拿大、美国、挪威、英国、德国、瑞士等分别举行人权对话,还与美国举行中美法律专家交流,与欧盟举行中欧司法研讨会,与澳大利亚开展人权技术合作项目等。中国还与巴基斯坦、南非和非盟等发展中国家和地区性组织开展人权对话。

从2008年开始,中国人权研究会等每年主办一次"北京人权论坛",多个国家和国际组织在国际人权领域内具有较高声望的人权专家、知名人士围绕人权与发展、文化、科技、环境等的关系展开讨论,已经成为包括发展中国家和发达国家在内的国际人权对话与交流的重要国际平台。2017年12月7日,中国还举办了首届"南南人权论坛",来自70多个国家和国际组织的300余位政府代表、专家学者,分享南南人权发展的成就与经验,思考南南人权合作的实现形式和途径,谋划南南国家构建人类命运共同体的人权发展方案。

中国积极参与联合国框架内关于人权问题的合作。中国政府已加入包括《经济、社会及文化权利国际公约》在内的27项国际人权公约,并积极为批准《公民权利和政治权利国际公约》创造条件。中国政府积极履行已参加的国际人权条约的义务,定期向联合国递交各项条约的履约报告,汇报履行相关公约的情况。在联合国人权委员会内,中

2017年12月8日，由中国国务院新闻办公室和外交部共同主办的首届南南人权论坛在北京闭幕。图为布隆迪总统首席新闻顾问威利·尼亚米特韦宣读"北京宣言"。

国提出应顺应历史潮流，进行机制改革，发扬民主，增加决策透明度；反对把人权问题政治化和搞双重标准，倡导在平等、相互尊重的基础上开展人权对话；用均衡的观点处理人权问题，正确处理人权的普遍性与特殊性的关系，尊重各国在保护和改善人权方面的选择。

◎ **参与应对气候变化问题的国际合作**

全球气候变化及其不利影响是人类共同关心的问题，应对气候变化是当前联合国工作的重要内容。中国重视应对气候变化，充分认识应对气候变化的重要性和紧迫性，统筹考虑经济发展和生态建设，既加大气候治理的力度，又全面参与联合国应对气候变化方面的工作，支持和建设性地参与《联合国气候变化框架公约》下谈判，履行中国应有的条约义务，融应对气候变化于发展战略中，积极探索符合国情的低碳发展道路。

中国积极参与气候变化谈判相关国际进程，如2007年在巴厘岛召开的联合国气候变化框架公约第十三次缔约方第三次会议，2009年哥本哈根气候变化会议，2010年的坎昆会议，2011年的南非德班会议，2012年的多哈会议和2013年的华沙会议。中国领导人在多边场合以及双边交往中，阐述了中国对于气候变化国际合作的立场，主张本着

"互利共赢、务实有效"以及"共同和有差别"的原则，推动"找到各国利益和全球利益的平衡点"。

中国参加了《联合国气候变化框架公约》及其《京都议定书》《关于消耗臭氧层物质的蒙特利尔议定书》《关于持久性有机污染物的斯德哥尔摩公约》《生物多样性公约》和《联合国防治荒漠化公约》等50多项涉及环境保护的国际条约，并积极履行这些条约规定的义务，承担起与中国国情、发展阶段相适应的义务。

中国与世界主要国家先后发表了《中美气候变化联合声明》《中欧气候变化联合声明》《中法元首气候变化联合声明》和《中美元首应对气候变化联合声明》，化解了气候谈判中的重大分歧，推动联合国巴黎气候大会顺利召开。习近平主席出席巴黎会议并发表讲话，引导和推动了《巴黎协定》和《斐济实施动力》的通过，为达成2020年后全球合作应对气候变化作出贡献。

中国积极参加和推动应对气候变化的国际合作，加强与各国磋商与对话，探讨应对气候变化的共策，既与美国、欧盟、丹麦、日本等发达国家和地区磋商，也重视与其他发展中国家的沟通，推动建立"基础四国"协商机制，并采取"基础四国+"的方式，协调推动气候变化谈判进程。中国累计与30个发展中国家签署34份应对气候变化南南合作谅解备忘录，赠送设备，为五大洲的120多个发展中国家培训应对气候变化领域的官员和技术人员。中国希望发达国家拿出诚意、兑现承诺，进一步提高减排力度，并向发展中国家提供资金、技术及能力建设支持，积极推动应对气候变化的全球行动。

从可持续发展的角度来看，中国的节能减排、转变发展方式，调整经济结构、产业结构，是自身发展的需要。2005年中国制定和颁布实施了《清洁发展机制项目运行管理办法》。2009年哥本哈根会议召开前，中国政府宣布到2020年单位国内生产总值温室气体排放比2005年下降40%—45%的行动目标，并作为约束性指标纳入国民经

2018年10月18日，"一带一路"能源部长会议暨第三届国际能源变革论坛在苏州召开之际，同里综合能源服务中心亮相。

济和社会发展中长期规划。到2014年，中国实现单位国内生产总值能耗和二氧化碳排放分别比2005年下降29.9%和33.8%。2015年6月，中国向《联合国气候变化框架公约》秘书处提交《强化应对气候变化行动——中国国家自主贡献》，承诺到2030年单位国内生产总值二氧化碳排放比2005年下降60%—65%，非化石能源占一次能源消费比重达到20%左右，森林蓄积量比2005年增加45亿立方米左右，二氧化碳排放2030年左右达到峰值，并争取尽早实现这些目标。

◎ 支持联合国改革

为了适应形势变化的需要，提高联合国的工作效率，中国支持联合国改革。2005年，中国政府公布了《中国政府关于联合国改革问题的立场文件》，全面系统地阐述了中国对联合国改革的立场。文件指出：联合国的改革应有利于推动多边主义，提高联合国的权威和效率，以及应对新威胁和挑战的能力；改革是全方位、多领域的，在安全和发展两方面均应有所建树，扭转联合国工作"重安全、轻发展"的趋势，最大限度地满足所有会员国，尤其是广大发展中国家的要求和关切。

在联合国改革的核心——安理会改革问题上，中国提出：安理会改革是多方面的，既包括扩大问题，也包括提高工作效率，应以提高安理会的权威和效率，增强其应对全球性威胁和挑战的能力为目的，优先增加发展中国家代表性，坚持地域平衡原则，并兼顾不同文化和文明的代表性。

参与经济领域的多边合作

中国不仅积极参与联合国系统内的多边外交，还积极参与国际经济和金融领域的世界贸易组织，并通过广泛参与二十国集团领导峰会、亚太经合组织领导人非正式会议、金砖国家领导人会晤，积极开展经济领域多边外交，加强与各方协调。

改革开放后，中国为了恢复在关税及贸易总协定的缔约国地位和加入世界贸易组织（WTO）进行了长达15年的不懈努力，终于在2001年加入世界贸易组织。作为WTO的成员，中国在权利与义务平衡的基础上，严格遵守规则，履行自己的承诺，降低关税，减少非关税壁垒，修改法律法规，扩大开放领域，不断提高中国货物贸易领域的自由化程度，进一步扩大服务贸易对外开放领域，进一步加强知识产权保护，贸易政策更加规范透明；在世界贸易组织框架内，支持完善国际贸易和金融体制，推进贸易和投资自由化便利化，通过磋商协作妥善处理经贸摩擦。

中国按要求定期向世贸组织通报国内相关法律、法规和具体措施的修订调整和实施情况。截至2018年1月，中国提交的通报已达上千份，涉及中央和地方法律法规等诸多领域。这个时期内,中国修订《商标法》以增加惩罚性赔偿制度；修订《反不正当竞争法》以完善对商业秘密的保护；加大知识产权保护力度，重新组建国家知识产权局，加大执法力度；认真接受成员的贸易政策监督，中国已接受世贸组织七次审议，得到了高度评价。

中国在知识产权保护方面取得的成效是典型的代表。从 2001 年起，中国对外支付知识产权费年均增长 17%，2017 年达到 286 亿美元。2017 年，中国发明专利申请量达到 138.2 万件，连续 7 年居世界首位。根据世界知识产权组织公布的材料，2017 年，中国通过《专利合作条约》途径提交的专利申请受理量达 5.1 万件，仅次于美国，居全球第二位。

在贸易领域，中国坚定支持多边贸易体制，全面参与世贸组织各项工作，履行作为世贸成员的义务，参与多哈回合各项议题谈判，提出和联署谈判建议百份以上，推动贸易便利化和多边贸易体制不断完善、农业出口竞争等多项议题达成协议；充分利用世贸组织的规则和机制，维护中国的经济权益，与各成员共同推动世贸组织在经济全球化进程中发挥更大作用。

截至 2018 年 4 月，中国在世贸组织起诉案件 17 项，已结案 8 项；被诉案件 27 项，已结案 23 项。中国通过主动起诉，遏制了少数世贸组织成员的不公正做法，维护了自身贸易利益和世贸规则权威。中国积极应对被诉案件，尊重并认真执行世贸组织裁决，作出了符合世贸规则的调整，无一例被起诉方申请报复的情况。

◎ 以负责任的态度对待全球经济问题

经济全球化使全世界的经济连为一体，也使任何经济的危机和萧条都会产生全球性的消极影响。改革开放以来，以出口导向为特点的中国经济已经与世界经济紧密地连为一体。每次世界经济危机都对中国经济产生巨大的消极影响。但中国相信，在全球化条件下，没有世界经济发展和繁荣，没有周边邻国的崛起和强大，就没有中国经济的快速发展，因此，帮助别人就是帮助自己。在爆发地区和世界性经济危机时，中国承担相应的损失和责任，发挥积极作用。

如 1997 年中国的近邻东南亚国家爆发了严重的金融危机，中国经济也面临巨大压力。中国政府克服重重困难，坚持人民币币值稳定，积极扩大内需，不仅通过双边途径向遭受经济危机打击最重的东南亚邻国提供了大量的经济援助，还通过国际货币基金组织向东南亚国家提供多边框架下的帮助，为最终战胜危机发挥了作用，赢得了邻国的信任。

2008年美国爆发的次贷危机引发了国际金融危机，对全球经济产生了长时间、广范围的影响，也给中国经济带来严峻的挑战。为应对国际金融危机冲击，中国政府及时调整宏观经济政策，实施积极的财政政策和适度宽松的货币政策，推出了扩大内需、促进经济增长的一揽子计划，加快民生工程、基础设施、生态环境建设。

在国际上，中国以积极的姿态参与国际社会为了应对世界面临的经济、金融和安全议题而形成的多边合作机制。为了应对2008年爆发的国际金融危机而形成的二十国集团（G20）领导人峰会自2009年9月在美国匹兹堡举行以来，已经成为国际经济合作主要论坛。中国国家领导人出席了二十国集团的历次峰会，并于2016年9月在中国杭州主办了二十国集团第11次峰会，在这些峰会上提出了中国在应对国际金融危机、维持世界经济发展方面的政策和主张。

面对金融危机所造成的世界经济持续低迷不振，"逆全球化"、保护主义抬头，区域合作碎片化等形势，中国反对各种形式的保护主义，呼吁各国保持信心，加强沟通、相互支持，主张国际货币基金组织加强和改善对各方特别是主要储备货币发行经济体宏观经济政策的监督，改进国际货币基金组织和世界银行治理结构，完善国际货币体系，健全储备货币发行调控机制，保持主要储备货币汇率相对稳定，促进国际货币体系多元化、合理化等。

亚太经济合作组织是亚太地区最具影响力的经济合作官方论坛。全面参与这一多边论坛一直是中国多边经济外交的重要部分。为实现亚太经合组织的目标，即保持经济的增长和发展，促进成员间经济的相互依存，加强开放的多边贸易体制，减少区域贸易和投资的壁垒，维护本地区人民的共同利益,中国政府阐述了自己的政策主张。

东盟与中日韩(10+3)机制是东盟十国与中国、日本和韩国合作的平台,在这个机制基础上形成的东亚峰会,是东亚国家与其他在东亚地区有切身利益和关切的国家之间对话的年度领导人多边会议机制,是中国在亚太地区多边外交的另一个舞台。

亚欧会议是亚洲与欧洲之间的政府间论坛,主要包括首脑会议和外长会议两个机制,两者每两年举行一次,错年举行。中国是亚欧会议的积极参与者。此外,中国政府还积极参与上海合作组织、中非合作论坛、中拉合作论坛、中阿合作论坛等多边机制,以及瑞士达沃斯论坛。借助这些地区合作的新架构和平台,中国的多边外交日益展现出多领域和全方位的局面。

2018年8月4日,东盟与中日韩(10+3)外长会议在新加坡举行。

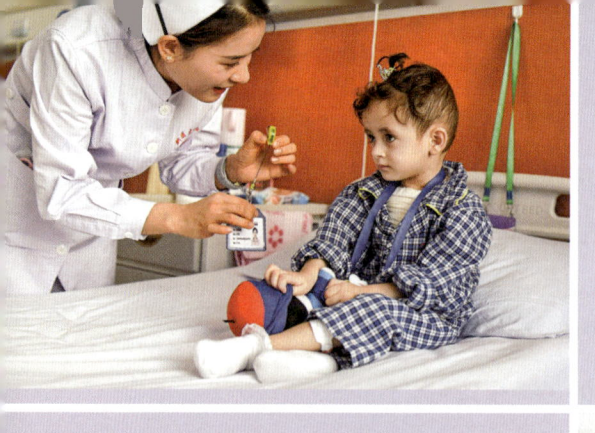

第四章 中国外交的创新

推动构建新型国际关系、推动构建人类命运共同体，是当前中国外交的核心理念，构成了中国特色大国外交理论体系的基本架构，也是习近平外交思想的核心内涵。这一思想体系包括"五位一体"的总路径和总布局，即倡导建立平等相待、互商互谅的伙伴关系，营造公道正义、共建共享的安全格局，谋求开放创新、包容互惠的发展前景，促进和而不同、兼收并蓄的文明交流，构筑尊崇自然、绿色发展的生态体系。

为了推动构建人类命运共同体，中国秉持共商共建共享的全球治理观，发挥负责任大国作用，积极参与全球治理体系改革和建设，提出"一带一路"倡议，主持举办主场多边外交活动，不断贡献中国智慧和力量，推动用和平方式解决国际冲突。

提出和实施"一带一路"倡议

"一带一路"倡议是在传承古丝绸之路传统的基础上,顺应时代要求而提出的。2013年9月和10月,习近平主席在访问哈萨克斯坦和印度尼西亚时,回顾了古丝绸之路在东西交流过程中的伟大贡献,提出可以用创新的合作模式,共同建设"丝绸之路经济带"和"21世纪海上丝绸之路"的倡议,被概括为"一带一路"。这是中国的一个重要外交倡议,也是构建人类命运共同体的平台和途径。

2014年,中国政府公布了《推动共建丝绸之路经济带和21世纪海上丝绸之路的愿景与行动》,详细阐述了"一带一路"倡议的原则、

2018年7月11日,第九届"宁港澳"大学生微电影训练营来到新疆,聚焦吐鲁番"古丝绸之路"。

2016年1月16日，在亚投行理事会成立大会上，中国国务院总理李克强同与会各国代表团团长见证中国政府与亚投行相关合作文件的签署。

内涵和实施步骤。"一带一路"的核心是"通"，即政策沟通、设施联通、贸易畅通、资金融通、民心相通；关键是"共"，即共商、共建、共享。中国主张，将"一带一路"倡议与全球和不同地区的发展议程联系起来，加强同沿线国家发展战略、发展优势、发展区位三大对接，突出互联互通、产能合作、人文交流三大重点，打通欧亚大通道，打造标志性合作项目，推动达成新的自贸协定和现有自贸协定升级，增强沿线国家人民友好交往。

"一带一路"是构建人类命运共同体的具体步骤。为了实施"一带一路"倡议，中国在全球层面将"一带一路"倡议与落实联合国2030年可持续发展议程紧密结合起来，在非洲同非盟的2063年议程、亚的斯亚贝巴行动议程等非方合作框架互联互通，在东南亚与东盟的

《东盟互联互通总体规划2025》对接，在中国西北与俄罗斯、白俄罗斯和哈萨克斯坦三国的欧亚经济联盟构想以及与俄罗斯"2030经济安全战略"对接，实现政策沟通、设施联通、贸易畅通、资金融通、民心相通的目的。

"一带一路"倡议也是中国向世界提供的公共产品。为实施共建"一带一路"倡议，中国发起创办的亚洲基础设施投资银行自2016年1月开业运作以来，成员国已经由最初的57个扩大到2018年的84个。截止到2018年初，该行已经为"一带一路"建设参与国的9个项目提供了17亿美元贷款。中国设立的"丝路基金"初始投资达400亿美元，首期100亿美元。中国国家开发银行、进出口银行将分别提供2500亿元和1300亿元等值人民币专项贷款，用于支持"一带一路"基础设施建设和产能、金融合作。"一带一路"倡议提出后5年中，全球100多个国家和国际组织积极支持和参与"一带一路"建设，一大批互联互通项目落地，中国对"一带一路"沿线国家累计投资超过500亿美元。

2018年5月3日，由德国东南欧协会和东欧经济关系委员会合作举办的"'一带一路'建设在东南欧"研讨会在德国柏林举行。

共建"一带一路"倡议提出以来，中国与相关国家深化务实合作，取得了丰硕成果。截至 2018 年 6 月，中国与"一带一路"沿线国家货物贸易额累计超过 5 万亿美元，在沿线国家建设的境外经贸合作区总投资 289 亿美元，为当地创造 24.4 万个就业岗位和 20 多亿美元的税收。中国已经成为 25 个沿线国家最大的贸易伙伴。在 2017 年 5 月举行的"一带一路"国际合作高峰论坛上，习近平主席承诺，中国将在自 2018 年起的 3 年内向参与"一带一路"建设的发展中国家和国际组织提供 600 亿元人民币援助，建设更多民生项目。

"一带一路"建设从无到有、由点及面，进度和成果超出预期。共建"一带一路"倡议和共商共建共享的核心理念已经写入联合国等重要国际机制成果文件。至 2018 年 6 月，已有 103 个国家和国际组织同中国签署 118 份"一带一路"方面的合作协议，实现了"一带一路"在多边经济走廊方面的突破，一大批早期收获项目落地开花。"一带一路"建设已从理念转化为行动、从愿景转变为现实，已成为有关各国实现共同发展的巨大合作平台，将成为未来几年中国外交的一个亮点和重要方面。"一带一路"连接着亚太经济圈和欧洲经济圈，为相关国家提供了一个共商、共建、共享的包容性发展平台。

中国主张相关国家一道努力，通过这个国际合作新平台，增添共同发展新动力，把"一带一路"建设成为和平之路、繁荣之路、开放之路、绿色之路、创新之路、文明之路。

开展主场多边外交，贡献中国智慧

通过举办重要多边外交活动，特别是多边峰会外交，利用主场优势设置议程，为解决人类面临的全球和地区新问题提供中国智慧，贡献中国方案，引领全球治理的发展，是近年来中国多边外交的亮点。2014 年以来中国举办的主场多边外交活动众多，包括第四次亚信峰会、

2014年5月21日,亚洲相互协作与信任措施会议第四次峰会在上海世博中心闭幕。亚信主席国中国国家主席习近平和亚信倡议国哈萨克斯坦总统纳扎尔巴耶夫、亚信上届主席国土耳其总统特别代表、外长达乌特奥卢共同会见记者。

亚太经合组织(APEC)第22次领导人非正式会议、中国人民抗日战争暨世界反法西斯战争胜利70周年纪念大会、二十国集团领导人第11次峰会、"一带一路"国际合作第一届第二届高峰论坛、金砖国家领导人第九次会晤以及中非合作论坛第三次峰会等。每一次峰会的主题有所不同,但每一次会议都取得了成功,展现了中国多边外交的特色、风格和气派。

亚洲相互协作与信任措施会议(亚信)是一个就亚洲地区安全问题进行对话与磋商的论坛。2014年5月,中国在上海主办亚信第四次峰会,共有40多个国家和国际组织派代表参加会议。习近平主席在会议的主旨讲话中提出了共同、综合、合作、可持续的新的亚洲安全观,主张搭建地区安全和合作新架构,努力走出一条共建、共享、共赢的亚洲安全之路。中方在此次峰会上接任亚信2014—2016年主席国,2016年4月亚信第五次外长北京会议后,中国连续担任亚信2016—

2018年主席国。

2014年11月，中国举办亚太经合组织第22次领导人非正式会议，这是中国第二次举办该组织的峰会，有21个成员国领导人和工商界人士参加会议。会议通过了《北京路线图》，作出了开启亚太自贸区进程的历史性决定。2016年11月，习近平主席在利马会议上呼吁各方以一张蓝图干到底的精神，把北京会议达成的共识转化为切实有力的行动，早日建成亚太自贸区，增强亚太自贸区建设不断向前推进的动力。

2015年9月3日，中国政府在北京举办纪念中国人民抗日战争暨世界反法西斯战争胜利70周年阅兵式，有65位外国领导人、政府高级别代表、联合国等国际组织负责人、前政要聚首天安门城楼，检阅了中国阅兵方阵。习近平主席在讲话中18次提到和平，表达了中国人民追求和平和共建和平的愿望，展现了中国和世界各国维护以《联合国宪章》宗旨和原则为核心的国际秩序和国际体系，构建以合作共赢为核心的新型国际关系，共同推进世界和平与发展的决心。

2016年9月，中国在杭州举办二十国集团领导人第11次峰会，这是中国首次举办二十国集团首脑峰会。二十国集团成员、8个嘉宾国领导人以及7个国际组织负责人齐聚杭州，参加以"构建创新、活力、联动、包容的世界经济"为主题的这次峰会。峰会首次把创新作为核心成果，首次把发展议题置于全球宏观政策协调的突出位置，首次形成全球多边投资规则框架，首次发布气候变化问题主席声明，首次把绿色金融列入二十国集团议程。本次峰会达成的29项重要成果，向世界传递了创新、开放、联动、包容的理念，为世界经济开出一剂标本兼治、综合施策的"药方"，贡献出了中国智慧和中国方案。

2017年5月，在中国倡议下召开的首届"一带一路"国际合作高峰论坛，有29位外国元首、政府首脑及联合国秘书长、红十字国际委员会主席等3位重要国际组织负责人，以及来自130多个国家

2016年，G20峰会场馆杭州国际会议中心灯光璀璨。

的1500名各界贵宾作为正式代表出席论坛，来自全球的4000余名记者注册报道此次论坛，这是新中国成立以来由中国首倡、中国主办的层级最高、规模最大的多边外交活动。会议总结了"一带一路"倡议提出以来所取得的成果，为解决当前世界和区域经济面临的问题寻找方案，为实现联动式发展注入新能量。在会上，习近平主席宣布将于2019年举行第二届"一带一路"高峰论坛，将逐步推动这个论坛多边外交形式的机制化。2019年4月，第二届"一带一路"国际合作高峰论坛如期举行。

2017年9月在厦门召开的金砖国家领导人第九次会晤，是中国第二次举办这个机制的首脑会议。这次会议将金砖国家领导人会晤扩展为新兴市场国家与发展中国家对话会，金砖五国领导人与埃及、墨西哥、塔吉克斯坦、几内亚、泰国领导人以落实2030年可持续发展议程为主线，共商国际发展合作和南南合作大计，形成了"金砖+"的理念，开创了金砖国家合作机制的新的模式。这次金砖国家领导人会晤也首次将政治安全问题列入议程，各方围绕国际安全形势和地区热点问题等全球性问题交换意见、协调立场，达成广泛共识，会议发表的《金砖国家领导人厦门宣言》推动金砖国家进一步加强团结协作。

2018年6月，上海合作组织成员国元首理事会第18次会议在中国青岛召开，这是上海合作组织第三次在中国召开会议，也是该组织在2017年接收印度、巴基斯坦为正式成员，成员国增加到8个后召开的首次会议。来自12个国家的国家元首或政府首脑、10个国际组织或机构负责人出席峰会。为了支持上合组织的合作，习近平在会上宣布，中方将在上海合作组织银行联合体框架内设立300亿元人民币等值专项贷款，在未来3年为各成员国提供3000个人力资源开发培训名额。与会成员国领导人签署或见证了包括《上海合作组织成员国元首理事会青岛宣言》在内的23份合作文件，规划了上合组织未来几年的发展方向。

2017年5月15日，中国国家主席习近平夫人彭丽媛邀请出席"一带一路"国际合作高峰论坛的外方团长配偶参观世界文化遗产——故宫博物院。

2018年中非合作论坛北京峰会，有54个非洲成员的代表与会，包括40位总统、10位总理、1位副总统和非盟委员会主席，以及249位非洲各国部长级高官。联合国秘书长以及26个国际和非洲地区组织代表应邀出席，中外参会人员超过3200人。双方见证签署的各类合作协议近150份，特别是28个国家和非盟委员会同中方签署的共建"一带一路"合作文件。会议通过了《关于构建更加紧密的中非命运共同体的北京宣言》和《中非合作论坛－北京行动计划（2019—2021年）》两个重要成果文件，推出了以实施"八大行动"为核心的上百项全面深化中非合作的新举措。

此外，中国还主持召开博鳌论坛年会、中国共产党与世界政党高层对话会、世界互联网大会等一系列高规格多边峰会。每一次会议都投入大量的前期准备，每次会议都取得丰硕成果。中国领导人在这些会议上的一系列讲话传递了开放合作、平等互利、创新发展的中国声音。这些讲话表明了中国愿意为世界和平承担责任，为全球发展贡献

2018年7月16日，以"新上合、新伙伴"为主题的第三届上合组织青年交流营在青岛开营。

2018年2月8日，中国外交部长王毅在北京与非盟委员会主席法基共同主持中国-非盟第七次战略对话后共同会见记者。

力量，为国际治理开出药方，传播了中国理念，展示了中国实力，提升了中国国际影响力。中国在组织召开每次会议过程中所展现的优良的会议服务，有力有序、精心细致的会议组织，体现了世界水准，展示了中国气派、中国风格和中国特色。

推动地区热点问题的解决

冷战结束后，国际局势总体缓和，但地区冲突仍然频繁发生，破坏了地区的稳定，对人类的生存和发展也造成巨大影响。中国参与解决热点问题，始终坚持三项原则，即和平性、正当性和建设性。和平性就是坚持政治解决方向，主张通过对话谈判解决任何矛盾分歧，坚决反对使用武力；正当性就是坚持不干涉内政原则，尊重当事国的主权和意愿，坚决反对强加于人；建设性就是坚持客观公正立场，根据事情本身的是非曲直开展斡旋调停，坚决反对谋取私利。这三个特色来源于中国文化传统，植根于中国外交的成功实践，符合《联合国宪章》

的宗旨和原则,也为解决各种冲突和挑战提供了正确导向和积极借鉴。

◎ 中东问题

中东地区地缘政治重要,历史上形成的宗教和民族矛盾复杂,再加上外部势力的介入,一直是国际上的热点地区。中东问题,即阿拉伯国家(包括巴勒斯坦)与以色列之间的冲突问题,自1947年产生以来已经导致了三次大规模的战争,造成近百万居住在巴勒斯坦的阿拉伯人沦为难民。阿拉伯人与以色列之间的矛盾从此不断恶化,成为世界上持续时间最长的地区热点问题。

巴勒斯坦问题是中东问题的核心,中国一贯同情巴勒斯坦人民的不幸遭遇,坚决支持阿拉伯人民和巴勒斯坦人民收回失地和恢复民族权利的斗争,支持巴勒斯坦人民重返家园,建立独立国家的权利。早在1988年,中国就承认巴勒斯坦国并与之建立了外交关系。中国主张,巴勒斯坦人民合法民族权利得不到恢复,巴勒斯坦和以色列的和平就不可能实现,中东地区和平稳定也无从谈起。与此同时,中国一贯为

2015年1月15日,中国常驻联合国代表刘结一大使在联合国安理会关于中东问题的公开辩论会上发言。

支持巴经济建设和改善民生提供力所能及的帮助，长期为巴培训各类人才，向巴方提供政府间奖学金，支持巴勒斯坦政府的能力建设，包括援建学校、修建公路以及巴外交部大楼等数十个项目。

另一方面，中国并不反对犹太民族和以色列人民，不赞成消灭以色列国家。而中东的历史和现实已经说明，武力解决不了中东问题，对抗无益于问题的解决。中国支持中东和平进程，派出了中东特使，为推动中东和平进程不断取得进展作出了力所能及的努力和贡献。2013年，中国新一届政府刚一成立，即邀请巴勒斯坦和以色列领导人访华。习近平在与巴勒斯坦总统穆罕默德·阿巴斯会谈时提出了解决中东问题四点主张：坚持巴勒斯坦独立建国、巴以两国和平共处这一正确方向；应该将谈判作为实现巴以和平的唯一途径；应该坚持"土地换和平"等原则不动摇；国际社会应该为推进和平进程提供重要保障。对于中东问题中最难解决的耶路撒冷问题，中国认为应由有关各方在联合国有关决议的基础上通过谈判加以解决，应避免采取任何与此相悖的单方面的行动。

◎ 阿富汗问题

阿富汗是中国的近邻，也是最早与中国建交的国家之一。中国一直支持阿富汗人民维护民族独立和国家主权的正义事业，是阿富汗邻国中唯一与之没有历史遗留问题的国家。

2001年"9·11"事件后，随着美国反恐重心的转移，阿富汗问题成为国际关注的焦点之一。作为邻国，中国希望阿富汗成为一个和平的国家，一个与国际社会合作的国家，一个各民族人民和睦相处的国家。中国主张国际社会应坚定支持"阿人主导、阿人所有"的和平重建进程，尊重阿富汗政府和人民当家做主的权利，帮助阿富汗加强主权、自主权和发展能力；支持阿富汗加强能力建设，早日承担起维护国家和平与稳定的重任；支持阿富汗自主推进民族和解；支持阿富

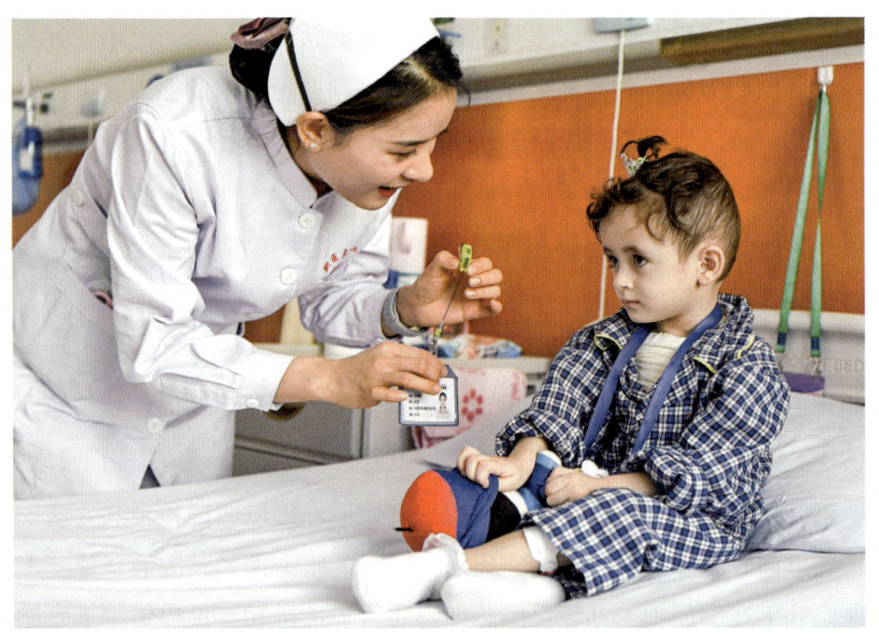

2017年8月26日,"天使之旅——'一带一路'大病患儿人道救助计划阿富汗行动"在阿富汗首都喀布尔正式启动,中国分4批共救助100名阿富汗先心病患儿。图为新疆医科大学第一附属医院的护士与患儿互动游戏。

汗发展经济;支持阿富汗在相互尊重、平等互利基础上发展对外关系。

2003年,阿富汗开启了和平重建进程。十多年来,在国际社会的大力支持下,阿富汗政府和人民经过不懈努力,在各方面取得了令人鼓舞的成就。中国支持阿富汗政府和人民维护稳定、发展经济、和平重建的努力。中国向阿富汗提供了物质、现汇和优惠贷款等援助,并积极参与阿富汗的公路、水利、医院等基础设施建设,与国际社会一道,积极推动阿富汗的重建,推动阿富汗秩序的和平与稳定。

◎ 朝鲜核问题

冷战结束后,国际安全环境发生了重大变化,一方面一些国家为了追求自身的安全或出于其他方面的考虑致力于利用核技术甚至发展核武器；另一方面，大规模杀伤性武器及其运载工具的扩散成为国际社会关注的热点问题。朝鲜核问题和伊朗核问题是典型的例子。

朝鲜核问题自20世纪90年代初开始受到国际社会关注。问题关键是朝鲜认为美国对其安全构成威胁，坚持发展核武器，遭到国际社会的普遍反对；至2003年演变成为美朝之间的一场危机，至今一直是国际热点问题。作为朝鲜的近邻，中国关注半岛局势发展，坚持实现半岛无核化，坚持维护半岛和平稳定，坚持通过对话协商解决问题。

2003年朝鲜危机爆发后，中国政府开展穿梭外交，积极斡旋，促成了2003年在北京的三方会谈和此后的北京六方会谈。六方会谈第二阶段会议于2005年9月19日一致通过《第四轮六方会谈共同声明》，重申了六方会谈的目标就是通过和平方式实现朝鲜半岛可核查的无核化。2007年2月第五轮第二阶段会谈和10月第六轮第二阶段会议通过《落实共同声明起步行动》共同文件和《落实共同声明第二阶段行动》共同文件，确立了朝鲜半岛无核化的目标。

2004年6月23日，朝鲜半岛核问题北京第三轮六方会谈在北京钓鱼台国宾馆开幕。

由于朝鲜核问题矛盾的主要两方朝鲜和美国互不信任,在六方会谈举行期间,2006年10月9日朝鲜进行首次核试验后,联合国安理会于14日通过第1718号决议表示关注。2009年4月5日,朝鲜宣布发射了"光明星2号"卫星,联合国朝鲜制裁委员会发表了新的制裁措施。朝鲜宣布退出六方会谈和中断与国际原子能机构的合作,并于2009年5月25日进行第二次核试验作为回应。随后,朝鲜于2013年2月12日、2016年1月6日、2016年9月9日和2017年9月3日又先后进行了4次核试验,使朝核试验总数达到6次。中国谴责朝鲜核试验,支持联合国安理会在这些试验后通过的关于朝鲜问题的第1874号、第2094号、第2270号、第2321号和第2375号决议,并履行自己的国际义务,对朝鲜进行必要的制裁。

中国在朝鲜半岛核问题上的立场是:不管局势如何变化,有关各方都应坚持半岛无核化目标,坚持维护半岛和平稳定,坚持通过对话协商解决问题。中国也认为朝鲜作为主权国家和联合国会员国,其主权、领土完整与合理安全关切及发展利益应得到尊重,朝鲜在重返《不扩散核武器条约》后应享有缔约国和平利用核能的权利。中国一贯认为对话协商是解决半岛核问题的正确途径,六方会谈是推进半岛实现无核化的有效平台。中方反对任何恶化朝鲜半岛局势和平与稳定的举措,希望有关各方遇事时能保持冷静克制,尽早重启六方会谈进程,以和平方式解决朝鲜半岛核问题,维护半岛及东北亚地区的和平与稳定。

由于六方会谈迟迟不能恢复,美朝之间持续僵持,半岛局势持续恶化,中方提出"双暂停"和"双轨并进"的建议。所谓"双暂停"就是"作为第一步,朝鲜暂停核导活动,美韩也暂停大规模军演"。通过"双暂停",摆脱目前的"安全困境",使各方重新回到谈判桌前来。中国积极推动有关方面增进互信,扩大共识,希望美朝双方沿着"双轨并进"思路,推进半岛问题政治解决进程,既推进并实现半岛的无核化,又推进并建立半岛和平机制,在此进程中照顾各方合理关切，最后形成"一揽子"解决，从根本上实现半岛的长治久安。2018年2月，韩国举办冬奥会，朝韩关系出现了缓和。中国对这一积极进展表示欢迎，与朝鲜核问题的各方保持密切接触，积极推动朝鲜半岛核问题的和平解决。

◎ 伊朗核问题

伊朗核问题与朝鲜核问题类似，2003年升级成为国际热点问题。在这个过程中，伊朗一直强调和平利用核能资源的权利，但在与国际原子能机构的合作及暂停铀浓缩活动方面多次出现反复。西方对伊朗的核计划施加压力，造成伊朗与西方在这个问题上的僵持。

中国一直支持维护国际核不扩散体系。在伊朗核危机爆发后，中国从维护国际核不扩散体系和中东和平稳定的大局出发，一直积极劝和促谈，主张通过政治和外交途径和平解决伊朗核问题，以维护中东地区的和平与稳定。中国认为伊方拥有和平利用核能的权利，赞赏伊朗多次表示无意发展核武器并开展与国际原子能机构的合作。中国也认为，伊朗作为《不扩散核武器条约》的缔约国，在享有和平利用核能权利的同时，也应该履行相应的国际义务，维护国际核不扩散体系，

2015年7月6日，奥地利维也纳，美、中、法、俄、德、英和伊朗外长召开会议，进行伊朗核谈判。

希望伊朗加强与国际原子能机构的合作。中国积极参与国际原子能机构和联合国安理会审议伊朗核问题的进程，多次参加伊朗核问题六国机制外长和政治总司长会议，并于2008年4月在上海主办伊朗核问题六国外交部政治总司长会议。

经过长达9年的艰苦谈判，2015年7月14日，伊朗与伊核问题六国签署了《联合全面行动计划》（即伊核问题全面协议），2015年7月20日得到联合国安理会一致通过，并于2016年1月生效，长达10年的伊朗制裁被取消。根据协议，伊朗承诺限制其核计划，国际社会解除对伊制裁。随后，负责督查伊朗履行协议情况的国际原子能机构多次出台报告确认伊朗履行了该协议。

中国政府认为，伊核问题全面协议经所有参与国家签署，得到联合国安理会核准，是多边主义的重要成果，也是和平解决争端的一个范例，对维护国际核不扩散体系、维护中东和平稳定发挥着重要作用，符合国际社会共同利益，而且三年来的实践证明，协议不仅化解了伊核危机，对维护国际核不扩散体系也发挥了积极作用。维护和执行伊核全面协议，就是在维护国际法，维护联合国权威，维护国际核不扩散体系，维护协议签署国的信誉。

但是，特朗普担任美国总统后，以伊朗没有遵守伊核协议"精神"为由，于2018年5月8日宣布美国退出伊核协议。中国与伊核协议的有关其他各方于2018年7月在维也纳召开外长级会议，就美国退出伊核协议后继续维护并执行伊核问题全面协议进行会谈，以挽救濒临存续危机的伊核协议。中国国务委员兼外交部长王毅在会上重申了中国在伊核问题上的五点主张：第一，国际规则应当遵守；第二，全面协议应当执行；第三，中东稳定应当维护；第四，单边制裁应当摒弃；第五，对话协商应当坚持。中方致力于维护和执行全面协议，也愿就此与各方保持沟通协调，为维护多边主义成果而作出努力。

◎叙利亚问题

2011年3月,叙利亚爆发政治危机,随后发展成为严重的内部武装冲突,国家陷入内战,给叙利亚人民和周边邻国造成巨大的痛苦与创伤,引发国际社会的广泛关注。美欧对叙进行制裁,阿盟不断施压,意欲推翻巴沙尔政权,支持叙利亚政权的俄罗斯派兵介入,联合国安理会多次召开会议讨论叙利亚局势,试图通过有关叙利亚问题决议草案,叙利亚局势扑朔迷离。

危机爆发伊始,中国主张尽快启动由叙利亚人民主导、各方广泛参加的包容性政治进程,通过对话协商和平解决矛盾,使叙利亚局势尽快恢复稳定。内战爆发后,中方强烈敦促叙政府和各政治派别立即全面停止所有暴力活动,立即开启不附带先决条件的包容性政治对话,协商全面政治改革方案及机制。

为了推动叙利亚问题的和平解决,中国政府任命叙利亚问题特使,"穿梭"访问埃及、黎巴嫩、叙利亚和中东其他国家,进行斡旋,与包括叙利亚政府和反对派在内的叙利亚内战有关各方保持接触,提出关于政治解决叙问题的主张。中国代表五次赴日内瓦出席联合国主持的叙问题和谈,并赴比利时参加由欧盟、联合国等共同主办的"支持叙利亚和地区未来"的布鲁塞尔国际会议。中国敦促叙政府及有关各方迅速停止使用暴力,积极配合联合国、红十字国际委员会等组织,缓解人道主义危机,呼吁有关各方在阿盟框架内、以阿盟有关政治解决方案为基础,加强沟通协商,共同致力于叙危机的和平、妥善解决。在推动叙利亚问题政治解决的同时,中方关注叙利亚人道主义状况,通过世界粮食计划署和世界卫生组织提供紧急人道主义物资和现汇援助。

在国际上,中国反对使用武力解决叙利亚问题,反对外部势力干涉叙利亚内政,特别是反对外部势力强行推动的"政权更迭"等违背

2018年5月8日,中国红十字会援助叙利亚人道救援设备在上海启运。此次中方援助的设备由两辆医疗大巴、两辆救护车组成,具备移动医疗和远程医疗功能。

《联合国宪章》宗旨和国际关系基本准则的做法。2011年10月4日至2017年2月28日,中国政府在叙利亚问题上6次使用否决票,相当于中华人民共和国恢复在联合国合法席位以来在联合国安理会所投否决票的总和,表达了中国政府在维护联合国基本原则、维护叙利亚主权问题上的坚定立场。

中华人民共和国 1971 年恢复在联合国合法席位后，在联合国安理会有限使用否决权

1. 1972 年 8 月 25 日，中国否决孟加拉国加入联合国的决议草案。

2. 1972 年 9 月 10 日，中国否决关于中东问题的决议草案。

3. 1997 年 1 月 10 日，中国否决向危地马拉派遣联合国军事观察员的决议草案。

4. 1999 年 2 月 25 日，中国否决关于对联合国驻马其顿预防性部署部队延期的决议草案。

5. 2007 年 1 月 12 日，中国否决关于缅甸问题的决议草案。

6. 2008 年 7 月 11 日，中国否决关于津巴布韦的决议草案。

7. 2011 年 10 月 4 日，中国否决干预叙利亚的决议草案。

8. 2012 年 2 月 4 日，中国否决干预叙利亚的决议草案。

9. 2012 年 7 月 29 日，中国否决对叙利亚进行制裁的决议草案。

10. 2014 年 5 月 22 日，中国否决对叙利亚进行制裁的决议草案。

11. 2016 年 12 月 5 日，中国否决在叙利亚划出禁飞区的决议草案。

12. 2017 年 2 月 28 日，中国否决对叙利亚实施制裁的决议草案。

第五章　中国外交的拓展

全球化是一个全方位、多层次的过程。在经济领域，国家不管社会制度、发展状况，几乎都选择了市场经济之路，国际贸易和全球投资的地理分布和规模，都以前所未有的速度扩大、增加，整个世界已经被国际市场连为一体。

在经济全球化的过程中，以新技术为基础的传播手段，不仅缩短了不同国家和地区间的距离，还提供了生产和资本市场全球化的物质基础，并带来了信息的全球化。与此同时，现代交通工具的广泛使用使短时间长距离旅行成为可能，跨国界人员流动数量与日俱增，我们生活的世界已经成为一个地球村。

全球化使国家间的联系日益紧密，相互依存不断加强，改变了内政与外交的关系，也改变着外交的环境、议题、方式和手段，乃至外交的内容和观念。外交工作的内容越来越丰富，从传统的政治领域扩展到经济、文化、军事等领域。参与外交的主体也由原来的政府扩大到各种国际组织和跨国公司，以及国内的不同政党、议会、民间团体等。外交形式、渠道等都在发生变化。

对于全球化浪潮，中国认为它"既不是解决发展问题的灵丹妙药，也不是必然造成灾难的洪水猛兽"，而是"世界经济发展的客观趋势，是不以人的意志为转移的，任何国家也回避不了"，"谁也不可能孤立于世界之外去发展经济"。中国顺应大势、结合国情，选择融入经济全球化的路径和节奏，对外坚定不移地实行开放政策，适应经济全球化趋势，积极参与国际经济合作与竞争，在外交上提出"大外交"的概念（又称"综合外交"或"总体外交"），开展多领域的外交，形成了多层次、多渠道的对外交往。

外交领域的拓展

◎ 经济外交

1978年，中共十一届三中全会确立将国内工作的重心转移到经济建设上来。随后，中国在内政与外交的关系上改变了原来的内政为外交服务的思路，强调外交为内政服务，为国内经济建设创造良好的国际和周边环境。在政治和经济的关系上，中国改变了政治挂帅的思路，开始强调政治为经济服务，政治与经济并重，经济外交的重要性开始显现。

2016年10月13日，"中国－南非高技术展示交流会"在南非约翰内斯堡开幕。图为一名当地参展人员与中国新松公司的机器人交流。

随着改革开放的深入,中国大力推进对外贸易,拓展国际合作,修改国内法律,允许并鼓励外资来华,引进先进技术,恢复在世界银行和国际货币基金组织中的席位,加入亚洲开发银行,申请恢复在关税及贸易总协定中的地位等。这些重大举措加大了中国的开放程度,加强了中国与世界的联系,有力推动了中国经济的增长,增强了中国的实力,经济外交取得了显著的成就。

冷战结束后,经济全球化趋势加速发展,中国的改革开放和现代化建设面临前所未有的机遇和挑战。中国政府认识到,只有顺应大势,积极参与其中,才能赢得发展。为此,中国加大了融入国际经济体系的步伐,参加亚太经合组织,申请加入世界贸易组织和其他国际多边经济组织,经济外交的思路更加明确。

进入21世纪以来,经济外交在整体外交工作中的地位进一步提升,受到决策层的高度重视,已经正式纳入国民经济和社会整体发展战略之中,体现在中国全方位外交格局中,成为增进中国国家利益的有效手段和加强中国与相关国家关系的重要途径。适应形势的发展变化,继2012年成立国际经济司后,外交部在2013年12月成立"国际经济金融咨询委员会",以加强经济外交工作。

认识中国的经济外交,应把握以下几点。

首先,推动经济外交,加强经济联系,发展合作,不搞对抗,保持与西方大国关系的稳定,确保中国经济发展所必需的市场,是中国经济外交的主要方面。欧盟、美国、日本等成为中国主要贸易伙伴。在经济领域的平等互利合作,以及不断增长的贸易额,已经成为中国与欧盟、美国和日本等世界主要经济体关系的基础。

其次,经济外交是推进中国与发展中国家关系的重要手段,是发展与广大发展中国家关系的重要内容。2004年中国政府专门召开了中国对发展中国家经济外交工作会议,强调"要善于把政治上的友好、互信同经济上的合作、交流结合起来,以政促经,政经结合";"经

2016年9月20日,第五届中国-亚欧博览会在新疆乌鲁木齐举行。

济合作的形式要多种多样,注重实效,把贸易与投资、援外资金与信贷资金、'走出去'与'请进来'结合起来"。21世纪以来,中国与东盟、新兴市场和发展中国家的贸易持续较快增长。通过调整政策,探索新途径,中国与发展中国家之间关系的基础已经由原来的反帝、反殖、争取和维护民族独立,转变为平等互利的经济合作。

第三,融入全球经济机制,参与全球经济合作,是中国经济外交的重要方面。从1986年起中国申请恢复在"关贸总协定"的缔约国地位,在这个过程中,中国一方面加快国内改革的步伐,另一方面坚持权利与义务平衡的原则,进行了长达15年的努力。到2001年11月加入世界贸易组织,成为世界贸易组织第143个成员后,根据加入世界贸易组织的承诺,中国扩大了在工业、农业、服务业等领域的对外开放,加快推进贸易自由化和贸易投资便利化,加快对外经济贸易法制化建设。

第四,中国还积极开展多边经济对话,参与自由贸易区建设。中国领导人通过参加亚太经合组织会议、世界经济论坛等国际性会议,和世界其他国家的领导人和经济界人士交换看法，增进了解，促成一批重大合作项目。截止到 2018 年 10 月，中国已与 24 个国家或地区签署了 16 个自由贸易协定。其中有周边邻国，如东盟、新加坡和韩国；有"一带一路"沿线国家，如巴基斯坦、格鲁吉亚、马尔代夫；有拉美国家，如秘鲁、智利和哥斯达黎加；也有新西兰、瑞士、冰岛和澳大利亚等西方发达国家。中国内地还与香港、澳门达成两个《关于建立更紧密经贸关系的安排》，与台湾达成《两岸经济合作框架协议》。这些自由贸易协议极大地推动了中国与相关国家和地区之间的贸易。如中国–东盟自贸协定生效以来，中国与东盟的贸易快速发展，截至 2017 年已经增加了 6 倍，贸易额超过 5000 亿美元。目前中国正在与海湾阿拉伯国家合作委员会、日本、斯里兰卡、以色列、挪威等国家和组织进行自贸区协议的谈判。

第五，为了支持贸易自由化和经济全球化，中国主动向世界开放市场。2018 年 11 月 5 日至 10 日，在国家会展中心（上海）举行第一届中国国际进口博览会（China International Import Expo，简称 CIIE 或

2008 年 10 月 16 日，第六届中国国际农产品交易会在全国农业展览馆隆重开幕。

2018年8月20日，中国商务部主办的"中国品牌商品（加拿大）展"在加拿大多伦多国际中心开幕。

进博会），共吸引了172个国家、地区和国际组织参会，3600多家企业参展，交易采购成果丰硕，累计意向成交578.3亿美元。此后，中国每年举办一届进博会，是中国推进新一轮高水平对外开放的重大决策，是中国主动向世界开放市场的重大举措，也是经济外交形式的一项创新。

第六，随着世界经济形势的变化发展，在能源、气候、环境等方面的国际合作已经成为中国经济外交的新内容。中国政府高度重视全球气候变化给人类带来的危机，专门成立了国家应对气候变化及节能减排工作领导小组，制定了《中国应对气候变化国家方案》；在国际上积极推动在气候变化问题上的国际合作，要求发达国家向发展中国家提供技术和资金支持。

中国在吸取他国经验的基础上，以加强政治友好为先，重视经济贸易，并辅以经济援助等多种方式，通过与能源生产国建立全面合作伙伴关系，为国内经济发展提供稳定而可行的能源保障。

高铁外交

扩大经济合作，促进共同发展，推进中国商品的出口，为国内经济建设创造良好的外部环境，是中国经济外交的主要任务。"高铁外交"反映了中国经济外交的新特点及其在总体外交中的作用。

中国是一个人口大国，铁路交通在国家建设中发挥着重要的作用。在经历多次提速后，21世纪初，中国开始建造高铁，在不到10年的时间内，高铁里程达到10000多公里，位居全球第一，积累了经验，技术也日臻成熟。2013年10月，习近平主席参加亚太经合组织领导人非正式会议及李克强总理参加东亚峰会期间，都纷纷当起了中国高铁技术的"推销员"。李克强访问泰国期间，中泰签署《中泰两国关于深化铁路合作的谅解备忘录》。2013年11月，李克强在参加中国-中东欧16国会晤的时候，与匈牙利和塞尔维亚达成协议，合作建设连接贝尔格莱德和布达佩斯的匈塞铁路；此外，中国和罗马尼亚决定在高铁领域合作。高铁外交成为中国新一届政府经济外交的亮点。

"高铁外交"反映出，随着中国经济转型，中国的对外出口由劳动密集型商品向高附加值的技术和设备的转变。与相关国家进行高铁合作，可以提升与有关国家的合作水平，提高互联互通的质量。"高铁外交"体现了经济外交和传统外交互相补充、互相促进的特点和作用。

经过多年发展，对外贸易成为中国经济最为活跃、增长最快的部分之一。1978年，中国货物贸易进出口总额只有206亿美元，在世界货物贸易中排名第32位。2009年，中国成为世界最大的货物出口国、第二大货物进口国。2013年,中国成为世界最大的货物贸易国。2018年,中国的进出口贸易总额达46224.4亿美元,成为100多个国家的最大贸易伙伴。改革开放前中国基本上没有外资。2018年,中国吸引非金融类外商直接投资1350亿美元,累计吸引外资超过2.0343万亿美元。2018年,中国对外非金融类直接投资1430.4亿美元。1978—2018年,中国累计对外非金融类直接投资超过1.9万亿美元。中国是世界上增长最快的主要出口市场、最被看好的主要投资目的地,以及能源资源产品的主要进口国。

◎ 文化外交

中华文明是世界古代文明中唯一始终没有中断、连续发展至今的文明,在对外文化交流方面有悠久的历史和传统:张骞(?—前114)出使,玄奘(602—664)求法,鉴真(688—763)东渡,郑和(1371—1433)下西洋等,在历史上具有重要的意义。

"文化外交"指主权国家以维护本国文化利益及实现国家对外文化战略目标为目的,在一定的对外文化政策指导下,借助文化手段来进行的外交活动。这一概念的产生,反映了在全球化背景下,国际文化交往从原来的低政治(low-politics)范畴到高政治(high-politics)范畴的转变。

外交的目的是实现国家利益,首要的是维护国家的领土主权完整和国家安全。从这一点来说,中国文化外交的首要目的是维护国家的文化安全,促进中国文化与其他国家文化之间的相互交流和相互理解。其主要内容是将由政府主导的对外文化交往作为国家对外政策的一部分,通过外交途径促进文化交流,塑造一个有利于本国的良好形象,从整体上服务于国家的对外政策。

对外文化交流是中国对外关系中的重要组成部分。受冷战格局影响,中国的对外文化交流一度主要限于与以苏联为首的社会主义国家

2018年3月7日,第52届柏林国际旅游交易会上,中国展区举行少林功夫表演。

及亚非拉友好国家之间。1964年中法建交,1965年两国政府签订了1965—1966年文化交流计划。这是中国与西欧国家签订的第一个政府间文化交流计划。1982年五届全国人大五次会议把发展同各国文化交流的内容写入宪法,为不断扩展对外文化交流提供了法律上的保证。进入21世纪以来,文化发展战略成为中国国家发展战略的重要组成部分,文化外交被视为与政治外交、经济外交同样有着重要和不可替代的地位。中国政府大力推进对外文化交流,促进中国与世界各国人民的相互了解。

只有民族的才是世界的。在国内复兴中国文化,保护文化遗产,巩固中国传统文化的根基,是在文化全球化条件下维护中国文化安全的最基本要求,是文化外交的基础。近年来中国政府采取一系列措施支持文化公益事业,加强文化基础设施建设,发展各类群众文化活动,对传统文化特别是民族民间文化进行抢救、保护和创新。

中国文化的复兴和发展,离不开吸收人类其他文明的优秀成果。中国在对外开放的过程中,吸纳百家优长、兼集八方精义,以博大的胸怀吸收一切民族的优秀文化成果。在中国持续升温的外语热,以及

2018年10月14日，江苏南通，来自印度、哈萨克斯坦等13个国家的30多位外国友人参加了"爱上南通——重阳传统文化中外交流活动"。

颇受人们欢迎的意大利歌剧、美国百老汇音乐剧、俄罗斯芭蕾舞和大马戏、德国交响乐、法国画展等等，都是中国政府实行对外开放政策在文化领域的体现。

国内文化的保护和复兴为对外推动文化外交提供了基础。中国传统文化已成为当代中国外交思想和理论的重要源泉。中国传统文化中"和为贵"，"君子和而不同，小人同而不和"，"言必信，行必果"，"己所不欲，勿施于人"等思想，成为中国在国际上提倡各种文明相互间共处而不冲突、对话而不对抗、交流而不封闭、兼容而不排斥、互相学习、共同发展等思想主张的重要渊源之一。习近平提出的对周边国家"亲、诚、惠、容"的理念，对非洲政策要树立正确的义利观，体现"真、实、亲、诚"的理念，"丝绸之路经济带"和"21世纪海上丝绸之路"的"一带一路"思想无不源于中国历史传统文化。

从国家外交大局出发，拓展对外文化交流，是文化外交最直接的渠道和手段。中国政府主导下的对外文化交流，是近年来文化外交的亮点。截至2015年，中国已在世界设有102个驻外使领馆文化处（组）。至2017年底，中国已经与俄罗斯、美国、欧盟、英国、法国、印尼、南非和德国建立了八大人文交流机制。仅2015年，中国就与27个国家签署了文化交流执行计划。

一系列有针对性的丰富多彩的文化活动，如面向海外推出的"春节""国庆""感知中国"等活动，与不同国家协议举办的"文化节""文化周""文化季""文化年"等活动，展现了中国文化的丰富内涵和魅力，增加了中国人民和其他国家人民对彼此文化的了解，成为巩固中国与相关国家友谊的重要途径。

通过建立孔子学院等方式，对外传播中国文化，是推动世界了解中国的有效途径。2004年中国在韩国开设世界上第一所孔子学院，截至2019年9月，中国已经在全球158个国家（地区）建立了535所孔子学院和1134个孔子课堂。通过孔子学院和孔子课堂，世界上更多的人在学习和了解中国文化。

> **孔子学院**
>
> 孔子学院是中国政府开展文化外交的旗舰。其目的是适应世界各国人民对汉语学习的需要，增进世界各国人民对中国语言文化的了解，加强中国与世界各国教育文化交流合作，发展中国与外国的友好关系，促进世界多元文化发展。主要任务包括：开展汉语教学；培训汉语教师，提供汉语教学资源；开展汉语考试和汉语教师资格认证；提供中国教育、文化等信息咨询；开展中外语言文化交流活动等。

在全球化的时代，文化拉近相互之间的距离，增进不同国家人民之间的相互了解和理解。习近平主席在出访期间担任推介中国文化的大使，介绍中华书画、京剧、中医等中华传统文化，在参加文化活动

2018年4月23日,由中国公共外交文化交流中心主办的2018中欧国际艺术交流展在北京举行。

时,引经据典,讲述中国故事。如他在访问莫斯科时,专门会见汉学家、孔子学院教师代表和学习汉语的学生代表,与他们交流;在印尼国会演讲时,用《红楼梦》来讲中印尼友好交往;在印度,讲白马驮经、玄奘西行,讲中国太极和印度瑜伽、中国中医和印度阿育吠陀的相似之处;在访问荷兰的时候,身着有中国特色的民族服装参加国宴。

民间文化交流能够增加中国与周边国家的相互信任,增加中国与西方发达国家之间的了解,稳定、巩固中国与发展中国家的传统友谊,促进中国与尚未建交国家的关系。文化外交已成为中国总体外交中的重要内容之一,并进一步丰富和充实着中国的总体外交。

◎外交为民的领事保护

保护海外华侨的正当权益是中国宪法赋予外交部门的重要义务,是外交工作的重要组成部分,在外交业务上属于领事保护范畴。中国政府重视发展对外领事关系,树立"外交为民"思想,注重保护中国公民的合法权益,在互惠的基础上,与41个国家达成了70份简化签证手续协定或安排，为中国公民出国出境提供方便。中国通过平等对话、友好协商，妥善处理在领事关系中出现的问题，推动与各国在领事事务方面的交往，促进友好合作关系的发展。

人员跨国境流动日益频繁是全球化的一个重要体现。随着全球化的发展和中国更深入地参与国际社会，越来越多的中国公民走出国门。2018 年，中国公民出境近 1.5 亿人次，在境外设立企业超过 3 万家，在海外劳务人员约 100 万，留学生约 137 万。他们是中国与世界联系的重要纽带，也是中国融入国际社会的重要表现。但随着国际安全形势复杂化，非传统安全威胁因素增加，中国公民和中资机构在海外遇到不测的概率大幅度上升，领事保护案件呈常态化、群体化趋势，政治性、敏感性增强。

中国外交以保护在海外的中国企业和中国公民的利益为职责。中国政府将国籍作为领事保护的条件，主张各国应根据国际法、双边条约以及有关国家法律许可的范围，保护本国国家和公民的合法权益；同时强调各国应该保护外国公民，包括违反当地法律的外国公民，保证其享有上述法律规定应该享有的权利，特别是人道主义待遇，而不应该因为国籍、种族、宗教或其他政治、经济等原因给予歧视或不公正待遇；任何国家不应该袒护本国公民的违法犯罪行为；赞同未建交国家间在领事保护方面进行合作。

为了做好领事保护工作，中国政府完善和扩大了领事机构。早在 1955 年中国外交部就设立领事司，负责领事保护业务。随着领事保护工作任务不断增加，2007 年外交部领事司将其下属领事保护处升格为领事保护中心，加大投入和人员配置，在中国 240 多个驻外机构中有 70 多个专门的领事机构，其主要任务就是保护在海外中国公民的利益。

在领事保护过程中，中国外交部门根据"预防为主、预防与处置并重"的原则，利用现代技术发布预警信息。中国外交部网页设有"领事新闻"和"赴部分国家和城市注意事项"栏目，报道新近发生的领事保护案件，公布《中国公民出境旅行文明行为指南》和《中国境外领事保护和服务指南》，更新旅行建议，发布赴特定国家和地区旅行应该注意的事项，对到一些不安全地区旅行的公民提出警告性建议。

利比亚撤侨和印尼协助中国游客回国

进入21世纪以来，中国政府外交部门每年处理3万多件领事保护事件，2017年一年就处理领事保护和协助案件约7万起，包括紧急协助因多米尼克飓风灾害、尼泊尔洪灾、印度尼西亚巴厘岛火山喷发受困当地的中国公民撤离或回国等重大案件。其中2011年从利比亚撤侨和2017年协助中国游客从印度尼西亚撤离是典型的案例。

2011年2月15日，利比亚局势逐渐恶化，并最终演变为内战。在利比亚的3万多名中国同胞的生命安全受到严重威胁。针对这一突发事件，中国国务院于22日成立应急指挥部，组织协调在利比亚的中国公民的撤离工作，以确保侨民的生命财产安全。外交部设计紧急旅行证件，中国政府动用大规模民航飞机，雇用他国邮轮，从海陆空三路并进，采用摆渡方式，在短短的10天时间内（至3月2日23时10分），从利比亚撤出35860名中国公民，平均每天撤离近4000人，还帮助12个国家撤出了约2100名外籍公民。

2017年11月21日，印尼巴厘岛阿贡火山持续喷发，当地机场临时关闭，约1.8万名中国游客滞留。从11月29日至12月4日，相关部门共协调中外航空公司派出82个商业航班，累计协助中国游客15237人从巴厘岛安全返回内地，约600人返回香港，还有3000余人经印尼泗水平安回国。

为适应形势变化的需要，中国涉外部门还专门设立了跨部门的协

2011年3月，在利比亚工作的37名山西劳务人员，在中国外交部和中国驻利比亚大使馆等工作人员的多方努力下，平安顺利返回祖国。

调机制和应急机制。一旦中国公民或法人在海外发生重大人员伤亡和财产损失，涉外部门立即组成应急小组，制定工作方案，开通热线电话，搜集各方信息，保障信息畅通。2014年9月2日，外交部全球领事保护与服务应急呼叫中心"12308"24小时热线电话正式启动。随后外交部还在中国领事服务网、12308微信版、"领事之声"微博等平台基础上，推出12308手机客户端，以向中国公民提供服务。

◎公共外交

在经济全球化和社会信息化持续发展的背景下，中国外交成为国内外公众关注的焦点。由于所处的地位和看问题的角度不同，国内外公众对于中国外交对中国的国力、国际地位的作用和中国外交政策的认识和解读存在差异。处理好与公众的关系、争取公众对中国外交的理解和支持，成为当代外交工作的一个迫切任务。这部分外交被称为公共外交，近年来越来越活跃。

2009年7月，胡锦涛总书记在第11次驻外使节会议上论述了公

2016年1月22日，国际青少年联欢晚会在中国公共外交中心大礼堂举行，来自世界五大洲的青少年用文艺表演的形式共同联欢，倡导世界和平。

共外交在中国外交工作中的重要地位和作用。他指出，公共外交是新形势下完善中国外交布局的客观要求，是外交工作的重要开拓方向。他还提出，外交工作的任务就是要努力使中国在政治上更有影响力、经济上更有竞争力、形象上更有亲和力、道义上更有感召力。自此，公共外交在中国外交中的地位凸显。

公共外交是对传统外交的继承和发展。按照国际惯例，公共外交通常由一国政府主导，借助各种传播和交流手段，向国外公众介绍本国国情和政策理念，向国内公众介绍本国外交方针政策及相关举措，旨在获取国内外公众的理解、认同和支持，争取民心民意，树立国家和政府的良好形象，营造有利的舆论环境，维护和促进国家根本利益。

公共外交概念在中国得以强调，反映出中国最高层对这一新的外交形式认识的变化。围绕中国领导人出访和出席多边国际会议等契机，中国外交部统筹安排各项公共外交活动：请出访的中国领导人接受外媒专访、与外国领导人共同会见记者、对公众发表演讲、与不同行业和领域的专业人士举办餐会等，扩大与出访国家公众的接触面和沟通，面对面地多角度阐释中国的外交原则立场和政策主张；出访的中国领导人以及中国驻外使领馆的馆长，还要在出访国家或驻在国家的主流媒体发表文章，借助当地的新闻媒体阐述中国政府在特定问题上或对特定领域的观点，发出中国的声音，增加对方公众对中国外交的理解。

中国外交部的新闻发言人制度日趋完善，从1983年每周只举行一次新闻发布会，不接受提问，到每周两次，再到2011年9月以后的每个工作日都举行记者会，为媒体获取政府公开信息提供便利。围绕高访等重大外交工作，外交部还举行专门的中外媒体吹风会，向中外媒体介绍有关出访的背景、目标和中国政策立场，及时全面对外说明中国领导人访问和参会活动情况，为外国记者在华工作提供协助和便利，帮助他们全面了解、客观报道中国。

外交部成立了专门的公共外交机构，定期举办有关司局长与网民在线交流，举办"外交·大家谈"网络访谈、"蓝厅论坛"以及开放外交部等活动，邀请公众走进外交部，为社会各界讨论中国外交政策等共同关心的问题提供新渠道，拉近外交与民众的距离，听取民意，吸收民智。2013年，中国外交部还推动成立中国公共外交协会，组织社会资源和民间力量，推进中国公共外交研究，通过举办研讨会等形式搭建外交部面向国内外政府高层、学术界、工商界、媒体以及公众的新平台。

利用现代技术，建立门户网站，充分发挥政府门户网站作为信息公开第一平台的作用，是中国公共外交的另一个亮点。2012年中国外交部门户网站主动发布信息超过19万条，提供消息稿8万余条。至

2016年8月29日，北京，外交部发言人华春莹主持例行记者会。

2013年，有234个驻外外交机构开通网站，提供有关中国外交的信息，外交部的有关司局也推出了"中欧信使"（欧洲司）、"直通阿非利加"（非洲司）等微博，形成外交微博群，有效扩大了新媒体覆盖面。

外交部与国务院新闻办每年都出版《中国外交》白皮书和《中国外交》画册，系统阐述中国外交政策及中国对当前国际形势的看法。从1991年中国国务院新闻办发布第一个关于中国人权状况的白皮书至2018年，国务院新闻办与相关部门定期出版了106个相关领域的白皮书，介绍中国在这些领域的实际情况和工作进展，增进国际社会对中国的了解。

外交部的新闻发言人制度得到广泛推广。到2013年，国务院75个部门和31个省（区、市）以及全国人大常委会、全国政协、最高人民法院、最高人民检察院等，还有党中央13个主要部门，都设立了新闻发言人。中国国防部2007年9月设立新闻发言人以来，已经形成了国防部例行发布制度。

近年来，中国政府提出了"推进国际传播能力建设，讲好中国故事，展现真实、立体、全面的中国，提高国家文化软实力"的要求，"讲好中国故事，传播好中国声音"成为近期中国对外开展公共外交的重要任务。为落实传统媒体和新媒体的融合，2017年中共十九大召开前夕，《人民日报》开设了英文客户端，中国中央电视台成立了中国国际电视台（英文简称CGTN，别称中国环球电视网），用英语、法语、阿拉伯语、西班牙语和俄语播出节目。2018年，中国新的机构改革方案确定将中央电视台、中国国际广播电台和中央人民广播电台整合为"中央广播电视总台"，成为全球最大规模的广播电视机构之一，承担"联接中外，沟通世界"的任务。

中国政府把公共外交看成是软实力建设的重要载体，从战略高度加大对公共外交的投入，加大外语沟通和传播渠道的覆盖面。公共外交逐渐成为中国外交工作新的增长点和着力点，在外交全局中的地位和作用进一步提升，重要性日益凸显。

外交行为体的多元化

◎ 首脑外交

首脑外交，指国家元首或政府首脑亲自参与的外交活动。传统上首脑外交的内容一般包括首脑访问、首脑会晤、首脑通信通话、首脑派出特使或私人代表以及首脑个人发布对外政策声明等。首脑外交已经成为中国最为耀眼的外交形式。

1949年10月1日，毛泽东在《中华人民共和国中央人民政府公告》中向世界宣布，"本政府为代表中华人民共和国全国人民的唯一合法政府。凡愿遵守平等、互利及互相尊重领土主权等项原则的任何外国政府，本政府均愿与之建立外交关系。"可以说，这是新中国的首次首脑外交,而新中国外交正是以首脑外交开始的。

由于种种原因,冷战期间中国首脑外交并不活跃,首脑外交的方式比较单一,多局限于发表声明、谈话,出访或接受其他国家的来访。20世纪50、60年代,中国首脑外交的对象主要局限于亚洲、非洲和欧洲一些与中国保持外交关系的国家。如毛泽东作为中央人民政府主席和中国共产党的主席,一生总共出访过两次,两次都是访问苏联。

20世纪80年代以来,快速发展的全球化使首脑外交的重要性日益凸显。但从历史的角度看,首脑外交在中国外交上地位的上升还是冷战结束以后的事,到了2012年中共十八大以后达到了中国历史上的新高度。在第一任期的5年内,习近平主席就访问了世界57个国家,或进行正式国事访问,或参加国际多边峰会。在习近平担任国家主席的第一个任期,中国接待了110多位外国元首访华。

首脑外交是最高的外交形式,往往是中国解决与有关国家间重要问题的途径,在中国外交史上都是具有里程碑意义和标志性的外交大事。如1949年底,新中国成立后不久,毛泽东主席就出访苏联,次

2014年7月7日,北京,国务院总理李克强在人民大会堂外为到访的德国总理默克尔举行欢迎仪式。

2017年11月8日,美国总统特朗普在北京故宫欣赏京剧表演,并与演员握手。

年初周恩来总理出访苏联。中国国家元首和政府首脑在新政权成立后先后访问苏联,是新中国成立初期"一边倒"外交战略的具体体现。30年后,中苏关系再次走向正常化则是在中国领导人邓小平与苏联领导人戈尔巴乔夫"结束过去,开辟未来"的会晤后实现的。1972年尼克松对中国的破冰之旅标志着中美关系的缓和,1997年江泽民主席对美国的访问则标志着中美关系走出了冷战结束后中美关系的调整期。

  首脑外交反映了中国与相关国家关系的状况。中国领导人对美国的访问是在中美建交以后才实现的;中美国家元首和政府首脑在20世纪80年代中期实现互访,是中美双边关系平稳发展的体现。当前中美两国领导人的频繁互访,则从一个方面反映了中美关系的新状况。例如,仅在2008年,胡锦涛主席和布什总统就会面4次、通信10次、通话4次。习近平就任国家主席后不到5年的时间里与美国总统奥巴马有过9次"交谈",包括面对面、通电话、写书信、派特别代表,保证了新一届政府组成后两国关系的稳定性。2013年6月双方在加利福尼亚州的安纳伯格庄园会晤,两天两次面对面交流超过8小时,就双边关系进行了广泛的沟通。2017年,习近平主席与俄罗斯总统普京举行5次会晤,与美国总统特朗普3次会晤,9次通电话。其中,特朗普在中共十九大以后向再次当选中共中央总书记的习近平表示祝贺,在中美关系史上创了先例。首脑外交不仅是中美关系稳定发展的象征,也为中美关系不断加强和进一步稳定发展创造了条件,成为中美关系的"压舱石"。

中日首脑外交同样反映了中日关系的状况。1979—1991年,中国国家元首和政府首脑等主要领导人先后5次访问日本。但是,由于21世纪初期日本领导人在历史问题上坚持错误立场,中国中断了双方之间的高层互访,两国关系陷入了"政冷经热"的局面。直至日本新领导人改变了在历史问题上的错误立场,双方领导人的互访才得以重新实现。日本对中国领土钓鱼岛的"国有化"导致了中日关系的恶化,在中国与周边国家高层互访不断的情况下,中日政府首脑直到2018年才又实现了互访。中日首脑外交的这几个"低谷",不仅反映了中日关系的状况,影响中日关系的发展,对东亚地区的合作也产生了消极的影响。

首脑外交已成为促进双边关系的重要推动力。以最引人注目的首脑出访为例,每次首脑出访都有庞大的经济、文化等专业代表团随行,在访问行程中签署大量包括政治、安全、经贸、能源、教育、卫生、文化、旅游等领域在内的合作协议。访问之前,双方相关部门会积极谈判,为访问成功努力达成相关协议。访问之后对协议的执行是落实首脑出访成果的重要形式,也会进一步推动和深化双边合作。通过首脑互访建立起来的领导人之间的个人关系,是加强两国关系的重要纽带,可以促进国家间关系的长期发展,增进双方之间的相互了解。

多边首脑外交是当前世界首脑外交的重要形式,也是中国首脑外交的重点。为了解决发展、环境等全球面临的共同问题,在联合国框架下召开了多次全球高峰会议;为探讨解决全球经济问题,应对经济危机,二十国集团领导人峰会、亚太经合组织领导人峰会、上海合作组织峰会、"一带一路"国际合作高峰论坛、中非合作论坛峰会等已成为惯例。中国国家元首或政府首脑作为最大的发展中国家的领导人,积极参加这些多边峰会,阐述中国主张,提出建设性意见,为相关问题的解决贡献中国的智慧。

◎议会外交

议会是国家的立法机构,在国家政治生活中具有重要地位和作用。各国立法机构的交往是国家对外关系的重要组成部分,对增进不同国家之间人民相互了解和友谊、促进国家关系发展起着不可替代的作用。

全国人民代表大会是中华人民共和国的立法机构,也是中国的最高权力机构。全国人民代表大会及其常务委员会的对外交往,"服从服务于国家发展和外交工作大局",在中国社会发展的各个历史时期都发挥了重要作用。改革开放后,全国人大与广大亚非拉地区的发展

2018年11月21日,在巴拿马首都巴拿马城的拉美议会总部,中国国务院新闻办公室与拉美议会合作建设的"中国馆"正式落成并举行揭牌仪式。

中国家议会的关系不断深化，与西方国家议会的关系得到显著改善，越来越多地参与国际上多边议会外交活动，形成了全方位、多层次的议会对外交往格局，成为中国总体外交的重要组成部分。

近年来，中国全国人大的对外交往工作不断发展。首先，与外国议会之间的多层次互访不断增多。从2012年到2017年，全国人大接待了275个外国议会代表团来华访问，组织了311个代表团出访，同19个国家议会和各国议会联盟签署了21项合作文件，开展了65次交流活动。其中，全国人大西藏代表团自2009年开始出访，至2018年初已出访16次，访问了20多个国家及欧洲议会，已成为全国人大对外交往的一个重要"品牌"。

其次，中国全国人大与外国议会之间建立了不少定期交流机制。从1981年中国全国人大与欧洲议会建立交流机制开始，到2018年，全国人大与包括美国参众两院、俄罗斯联邦委员会和国家杜马、日本众参两院、韩国国会、印度人民院、澳大利亚众议院、加拿大议会、英国议会、德国联邦议院、法国参议院、意大利众议院、南非国民议会、埃及人民议会、巴西众议院、肯尼亚议会和以色列议会等20多个国家的议会及欧洲议会实现了机制化交流。

第三，开展与地区性、国际性议会组织的合作，参与议会间的多边事务。截至2013年，中国全国人大参加了世界议长大会、各国议会联盟、亚洲议会大会、亚太议会论坛、拉美议会、东盟各国议会间大会、太平洋岛国论坛议长会议、亚欧议会伙伴会议等15多个国际议会组织，成为5个地区议会组织的观察员。2015年，全国人大常委会委员长张德江率团出席在联合国总部召开的第四次世界议长大会，提出将"和平与发展"列入大会主题、把消除贫困和促进经济社会发展作为2030年可持续发展议程的核心目标等主张。2016年3月，张德江委员长出席在赞比亚首都卢萨卡举行的各国议会联盟第134届大会全体会议并发表讲话，就消除贫困、促进和平发展、推动国际关系民主化等，提出中国主张、中国倡议。

作为立法机构，开展双边和多边立法领域的合作是议会外交的主要内容。截至 2017 年底，中国全国人大已经通过《中华人民共和国反恐怖主义法》，为中国和相关国家的执法合作提供了法律依据；中国全国人大批准加入了《联合国反腐败公约》和《联合国打击跨国有组织犯罪公约》等多项有刑事司法协助内容的国际公约，为中国追逃追赃、打击犯罪、与相关国家开展引渡合作提供了法律依据，维护了中国的国家利益。

作为总体外交的一部分，议会外交经历了一个逐步完善和务实发展的过程。其规模不断扩大，内容逐渐充实，作用日益凸显，以其自身的优势和特点，推动对外交流，促进经贸合作，服务国内建设，取得了丰硕成果，在国家总体外交大局中扮演着越来越重要的角色。

◎政党外交

中国共产党是中国的执政党。中国共产党对外交工作的集中统一领导，是中国特色大国外交的最大特征和制胜法宝。政党外交是以中国共产党为主体开展的外交活动。既是国家元首，同时又是中共中央总书记的习近平经常与外国的政党领导人进行沟通和交流，在政党外交中发挥了重要的战略沟通和政治引领作用。中共中央对外联络部是中国共产党中央委员会负责对外工作的职能部门。作为中国的执政党，中国共产党的对外交往在中国总体外交中占有重要的地位，是中国对外关系的重要组成部分。

中国共产党的对外交往或政党外交的目的，在于有效服务于国家总体外交。根据特定时期党的工作需要、国家外交任务的调整和国际形势的发展变化，中国共产党党际交往的对象和形式也在经历变化。从新中国成立之初到 20 世纪 60 年代，交往对象主要是各社会主义国家共产党、工人党及其他国家共产党和进步力量。

1982年中共十二大在总结中国共产党对外交往经验教训的基础上,把党的对外交往放在中国对外关系的全局之中谋划,并将党的关系与国家关系分开,提出要按照独立自主、完全平等、互相尊重、互不干涉内部事务的原则,同世界上一切愿意与中国共产党交流的政党建立起多种形式的接触、交流和合作关系。截止到2018年初,中国共产党已同世界上160多个国家和地区的400多个政党和政治组织建立并保持经常性联系,与执政党、参政党、合法在野党、政党国际组织和地区政党等各种政党开展广泛交流与合作。

中国共产党对外关系的任务也在经历变化,从新中国成立初期的加强与世界各国共产党、工人党之间的联系,争取国内建设所需要的国际支持和援助,到改革开放后的多层次交往。今天中国共产党与国际上其他党派交往的内容既有对促进国家关系的新途径的商谈,也有对加强党建的新方法的探讨;既有政治对话,也有经济文化交流;既有参观考察,也有理论探讨;既交流治国理政、兴国安邦之策,也研讨国际和地区问题的解决之道。政党外交成为促进中国对外关系发展的重要途径。

2017年12月1日,中共中央总书记、中国国家主席习近平在北京人民大会堂出席中国共产党与世界政党高层对话会开幕式并发表主旨讲话。

冷战结束以来,各种政治力量分化组合,不同立场和政治主张的政党在国际上更加活跃。适应国际形势的变化和发展,中国共产党与国际上更多的政党建立联系,交往对象不断增加,交往级别不断提升,交往内容不断丰富,交往领域不断扩大,形成了全方位、多渠道、宽领域、深层次的新格局。

此外,中国还积极参与多边政党交往活动。继2000年和2002年参加第一届和第二届亚洲政党国际会议后,中国共产党于2004年在北京主办了第三届亚洲政党国际会议。中欧建交35周年之际,在中国共产党的倡议下,于2010年召开了首次中欧政党高层论坛,随后在2011年、2012年和2013年连续召开了三届。2010年、2011年和2013年中国召开了三次亚洲政党专题会议。2014年9月、2015年9月和2016年11月,中联部主办了三届中国共产党与世界对话会。在这三次中国共产党与世界对话会取得成功的基础上,2017年11月召开了中国共产党与世界政党高层对话会,来自世界上120多个国家近300个政党和政治组织的领导人共600多名中外代表齐聚北京。

政党外交巩固和加强了中国同社会主义国家执政党的关系,丰富和发展了与广大发展中国家政党交往的形式和内涵,加强和深化了与发达国家主流政党的联系,通过与尚未同中国建交国家政党的联系和交往,推动了相互之间的了解,为与这些国家最终实现外交关系正常化创造了条件。

◎军事外交

军事与外交都是维护国家利益、落实国家对外政策的重要手段,两者方式虽有不同,但始终是联系在一起的。在和平时期,军队之间的交往是增加互信、维护和平的最主要的手段之一。中国的军事外交是中国共产党领导下中国总体外交的一部分,服从、服务于国家总体外交战略,根本任务是全面贯彻党的外交大政方针,增进中国与其他国家的关系。

中国人民解放军的对外交往由来已久。新中国成立之初,在国家"一边倒"外交战略的背景下,中国的军事外交也呈现出"一边倒"的特征,交流对象为苏联、东欧社会主义国家。20世纪60、70年代,中国军事外交的主要方式是通过提供军事援助和培训军事干部,援助和支持第三世界国家和人民的民族独立和民族解放运动。

20世纪80年代以来,随着中国与西方世界关系的逐步改善,中国军队的对外交流不断加强,军事外交对象扩展到世界更多国家,涉及领域更加丰富。1998年中国政府公布《中国的国防》白皮书,首次把过去统称的"中外军事交往"改称为"军事外交",并提出要发展全方位多层次的军事外交。中国人民解放军的对外交往,实现了由高层友好交往为主到多层次宽领域务实合作,由双边交往为主到双边与多边并重,由一般性军事专业交流为主到全方位对外交流的历史性转变。

中国的军事外交贯彻独立自主的和平外交政策和防御性的国防政策,在和平共处五项原则的基础上开展对外军事交流,以拓展对外军事关系、深化对外军事合作为目的,包括以下几个主要的方面:

第一,建立机制化的军方沟通和联系机制。中国积极发展对外建设性军事关系,形成全方位宽领域多层次军事外交新格局。截止到2018年,中国已同150多个国家开展军事交往,在驻外使馆(团)设有130个驻外武官机构,116个国家在中国设立武官处。

第二,开展高层军事交流。军方高层互访是军事外交的主要形式,也是增进军方相互了解的主要方式。2012—2019年,中国人民解放军高级军事代表团出访60多个国家,有100多个国家的国防部长、军队总司令来访。

第三,发展军事培训交流。中国政府积极派遣军事学员走出国门,到国外学习,并接受外军学员来华学习。2012—2018年,中国人民解

2018年9月11日至15日，中俄双方在俄罗斯后贝加尔边疆区楚戈尔训练场共同组织联合战役行动演练。

放军向50多个国家派出军事留学生1700余名，中国20所军队院校分别与美国、俄罗斯、日本、巴基斯坦等40多个国家的相应院校建立和保持了校际对口交流关系，共接纳130多个国家的上万名军事人员到中国军队院校学习。

第四，建立形式多样的防务磋商对话机制。截至2018年，中国同包括17个周边国家在内的41个国家和国际组织建立防务磋商对话机制54项。2012—2018年，中俄两军先后举行7轮战略磋商。2014年，中美两国国防部签署建立重大军事行动相互通报信任措施机制和海空相遇安全行为准则两个谅解备忘录，2017年两国建立外交安全对话、联合参谋部对话机制，积极加强战略沟通、管控风险分歧。

第五，推动和参与地区安全合作。1997年中国开始参加亚太地区唯一的官方安全对话与合作论坛——东盟地区论坛。2004年中国举办

2012年11月30日，中美两军人道主义救援减灾联合室内推演在原成都军区某训练基地举行。

了首届东盟地区论坛安全政策会议，填补了该论坛在高层国防官员对话领域中的空白。近年来，中国军队还先后参加了西太海军论坛、东盟地区论坛、香格里拉对话会、雅加达国际防务对话会等多边对话和合作机制，建设性提出加强地区防务安全合作的倡议，在反恐、救灾、维和、海上安全、边界联合巡逻等领域与其他国家开展了有效交流与合作。

第六，提高军事透明化程度，加强安全和防务对话平台。从1995年开始，中国政府每两年发表一份《国防白皮书》，对外介绍中国的国防政策，以及中国国防和军队建设情况。2014年，中国将香山论坛升级为"一轨半"国际安全和防务对话平台。2018年10月，香山论坛更名为北京香山论坛，来自67个国家和7个国际组织的500余名代表参加论坛，共同探讨应对地区安全威胁和挑战的新思路新途径。

第七，与外国军队举行联合军演。2002年10月，中国与吉尔吉斯斯坦在两国边境地区举行联合反恐军事演习，这是中国军队首次与外国军队联合军演。至2018年，中国同30多个国家举行百余次联合演习与训练，演练内容从传统安全领域发展到非传统安全领域，演练地域从中国周边延伸至远海，参演力量从以陆军为主拓展至陆海空多军兵种。此外，中方还邀请其他国家驻华军事代表团和观察员观摩中国人民解放军的军事演习，加强了与外国军队的交流。

第八，全面、积极参与国际维和与国际援助行动。中国军队积极参加国际灾难救援和人道主义援助，派遣专业救援力量赴受灾国救援减灾，提供救援物资和医疗救助，加强救援减灾国际交流；2012年以来，组织或参加马航MH370失联航班搜救、菲律宾"海燕"台风救援、抗击西非埃博拉疫情等多项行动。

第九，根据联合国安理会有关决议，中国政府于2008年12月起派遣海军舰艇编队赴亚丁湾、索马里海域实施常态化护航行动，与多国护航力量进行合作，共同维护国际海上通道安全。10年来，中国海军常态部署3至4艘舰艇执行护航任务，共派出31批100余艘次舰艇、2.6万余名官兵，为6600余艘中外船舶提供安全保护，解救、接护、救助遇险船舶70余艘。

2010年5月27日到6月2日，中国青年代表团访问日本期间，中日两国青年合影留念。

中国的军事外交为创造良好的周边环境，为构建和谐世界作出了重要的贡献，其地位和作用将随着中国的发展而更加突出。

◎民间外交

民间外交，是区别于官方外交的民间国际交往，通俗地说就是交友外交，也称人民对人民的外交（People to People Diplomacy）。民间外交着眼于建立人民之间的信任和理解，注重相互沟通，强调超越现实的政治经济利益而建立互动式的友谊，是促进不同国家间相互联系和了解的重要渠道，其重要地位在全球化背景下尤其明显。

中国在开展对外交往过程中，重视民间外交，提出外交着眼于人民、寄希望于人民、立足于人民。在新中国成立初期的特殊国际环境下，民间外交在增进中日人民之间了解、改善中日关系、促进中日外交关系正常化方面发挥了"以经促政、以民促官"的作用，推动了中日外交关系的建立，在中国对外关系史上具有重要的地位。

为促进中国与世界相互了解，打开中国对外交往的大门，新中国诞生不久就成立了中国人民保卫世界和平大会（1972年与对外友协合并）和中国人民外交学会。为推动中外经济贸易合作，1952年又成立了中国国际贸易促进委员会。1954年这些组织与中华全国总工会、全国妇联等十余个民间组织成立了中国人民对外文化协会，1969年改称中国人民对外友好协会（简称对外友协），以民间身份增进人民友谊、推动国际合作、维护世界和平，在国际民间舞台上广泛交友，形成了民间外交的传统。

改革开放后，尤其是进入21世纪以来，对外友协作为开展民间外交的主要机构，紧紧围绕国内国际两个大局，确立了以对美、俄、日以及欧盟等大国（大国集团）和周边邻国开展民间合作为着力点，以对广大发展中国家开展民间外交为立足点，以对国际非政府组织开展多边外交为拓展点，努力做好未建交国家的工作的指导方针，很好

2018年7月4日晚，2018年中国（甘肃）-韩国友好周在兰州开幕。

地服务于外交为中国国内经济建设创造良好的国际环境和周边环境的目标。例如在21世纪初期中日关系遇到困难时，对外友协与中日双方17个友好团体于2001年在北京集会，发表了《新世纪中日民间友好宣言》。2005年对外友协又在日本东京举行由两国60个友好团体参加的集会，共同发表了《和平与睦邻友好呼吁书》，在两国首脑交往一度中断的情况下，保持了两国关系的稳定。

国际友好城市活动是民间外交的主渠道和重要形式。随着中国现代化进程的发展，城市化进程突飞猛进，城市和其他地方政府的对外交往成为中国融入国际社会的重要途径和加强中外联系的重要纽带之一。从1973年中国天津市率先与日本神户市结为友好城市，到2018年9月，中国有31个省、自治区、直辖市（不包括台湾地区及港、澳特别行政区）和486个城市与五大洲136个国家的535个省（州、县、

2017年10月9日,俄中友协成立60周年庆祝大会在莫斯科举行。

大区、道等)和1642个城市建立了2566对友好城市(省州)关系。

中国对外友协在1992年发起成立中国国际友好城市联合会,并于1999年加入了地方政府国际联盟。中国作为东道主分别在2008年、2010年、2012年、2014年、2016年和2018年举办了国际友好城市大会。城市之间的合作,由双边向多边发展,从人员交流出发,逐渐涵盖政治、经济、文化、社会等所有领域,加强了中国与世界在经济、文化、教育、科技、城市建设等许多方面的交流与合作。

成立双边友好协会,推动双边友好,是民间外交的重要方式之一。1949年10月新中国成立了第一个国别友协,即中苏友好协会全国总会(简称中苏友协,1992年改称中俄友协)。1963年为适应对日本开展民间友好工作的需要,成立了中日友协。这两个友协在促进中苏(俄)、中日关系中发挥了重要作用。截至2013年,中国共成立了中国欧盟协会、中国阿拉伯国家友好协会、中国东盟协会、中国－拉丁美洲和加勒比友好协会等7个地区友协和中国美国友好协会等29个国别友协,与世界上157个国家的近500个民间团体和组织机构建立了友好合作关系。这些友好协会通过开展中外民间友好交往，组织代表团互访，倡议和主办研讨会、洽谈会、论坛等交流活动，建立交流机制，搭建合作平台，增进与各国人民之间的相互了解，建立信任，发展友谊，形成了一个独特的民间外交网络，为民间外交工作注入了极大的活力。

在中华人民共和国的外交史上，民间外交发挥了不可取代的作用，占有重要地位。如今，民间外交继续发挥作用，增进中国人民与世界各国人民的友谊，推动和促进中国与世界各国经济、文化的交流和合作，成为中国融入世界的重要体现。

全球化国际形势对当代外交的挑战是前所未有的。中国在应对这一挑战的同时，看到了其中所蕴藏的机遇，积极应对，提出了"总体外交"的概念，旨在强调对外关系中的大局意识和全局意识。其核心仍然是为了给中国的国内经济建设创造一个良好的国际环境，为了维护世界和平、促进共同发展，为了建设一个和平、繁荣的和谐世界。

中国外交的特色和优势

在外交领域不断扩大，参与外交的行为体不断增加的情况下，加强外交工作的内外统筹、不同领域和行为体之间的总体协调，是当今各国国家外交工作面临的共同问题。坚持外交大权在中央，不断加强中国共产党对对外工作的集中统一领导和全方位统筹协调，确保党中央对外大政方针和战略部署得到有力贯彻执行，是中国外交制度的特色，也是确保中国外交工作成功的关键。

◎ 中国共产党的领导是中国外交的特色

中国外交制度是中国社会主义制度的一部分。中国社会主义制度的特色也是中国外交制度的特色。中国外交制度首先是中国共产党的

2017年5月25日,中共中央对外联络部在北京举行"中国共产党的故事——供给侧结构性改革"专题宣介会。

外交制度,这个制度的最突出的特色就是中国共产党的领导。新时代中国特色社会主义外交思想的第一点,就是"坚持以维护党中央权威为统领加强党对对外工作的集中统一领导"。

"外交是国家意志的集中体现,必须坚持外交大权在党中央。"中国共产党对外交工作的领导包括思想领导、组织领导和制度领导等多个方面。思想领导体现在以下几个方面:中国共产党历次代表大会的政治报告都包含关于外交工作的内容,明确中国对世界形势的判断和看法,确立一定时期内中国共产党对中国外交工作的指导思想、基本布局和基本原则;此外,中共中央定期或不定期召开不同类型的外交外事工作会议,具体部署中国在相关专题上的路线方针和政策。

中国共产党对外交工作的组织领导,表现在中央根据党管干部的原则选拔和任命高级外交干部。外交部内的党务机构确保党对外交执行部门的领导,驻外使馆和代表处的领导不仅是代表国家的大使,也是中国在另一个国家首都所有派驻机构的党委书记。另外，中国共产党还根据"站稳立场、掌握政策、熟悉业务、严守纪律"的原则选择和录用外交部干部。

中国共产党的领导是中国政治制度的特色，也是中国外交取得重要成就的关键和保证。中共十八大以来，面临外交的多元化趋势，以习近平总书记为核心的党中央审时度势，统筹国内国际两个大局，在保持外交大政方针连续性和稳定性的基础上，主动谋划，开拓进取，不仅在外交理念和实践上进行了创新，而且在外交制度上也进行了重大创新。

中国外交制度创新的核心和目的，是巩固和加强中国共产党对中国外交的全面领导。中共十八大政治报告在提出要"坚持党总揽全局、协调各方的领导核心作用"的同时，还提出要"统筹改革发展稳定、内政外交国防、治党治国治军各方面工作"。中共十九大政治报告明确提出："党政军民学，东西南北中，党是领导一切的"，"中国特色社会主义最本质的特征是中国共产党领导，中国特色社会主义制度的最大优势是中国共产党领导"。拥护以习近平总书记为核心的中共中央的领导是当前中国最大的政治，加强党的领导是中国当前各项工作的指导思想，也是中国外交的总体指导思想和基本原则。

◎ 中国共产党领导下的外交制度创新

中国外交制度创新的首要举措，是发挥中国共产党在中国政治中的领导作用，召开相关外交工作会议，统一思想和认识，确保党的对外政策和路线方针政策得到贯彻执行。中共十八大以来，中央分别召开了三次专门的外交外事工作会议。在周边形势日益复杂化的情况下，中共中央于2013年10月召开周边外交工作座谈会，总结经验、研判形势、统一思想，确定了此后五到十年内周边外交工作的战略目标、基本方针、总体布局，明确了解决周边外交面临重大问题的工作思路和实施方案。2014年11月,中央外事工作会议提出了中国外交要有特色的重大理论问题,同时强调必须加强党的集中统一领导。2018年6月召开的中央外事工作会议,确立了以新时代中国特色社会主义外交思想为中国特色大国外交的指导思想。这样的专门会议,把各个领域的外交和各个行为体所从事的外交统一到中央决策部署上来。

制度创新的重要环节,是在中国共产党的统一领导下推动涉外部门的协调机制建设,理顺部门之间的协调与合作,完善相关法律。成立于1958年的中央外事工作领导小组是中国对外工作最早的协调机构。中共十八大以来成立了中央全面深化改革领导小组、中国网络安全和信息化领导小组,以加强在经济和安全领域的全局统筹、协调与合作。2013年成立的中央国家安全委员会,作为中央关于国家安全工作决策和议事的协调机构,加强对国家安全工作的集中统一领导,统筹协调涉及国家安全的重大事项和重要工作。

中共十九届三中全会确定的党和国家机构改革方案,把包括中央外事工作领导小组在内的多个小组改为委员会,意味着把属于一种"阶段性工作机制"、非严格意义上的议事、咨询和协调机构的领导小组,改变为成建制的固定的实体性组织,职能更加全面,机构更加规范,运行更加稳定,组织更加健全,增加了这些组织的权威性。同时,决定"将维护海洋权益工作纳入中央外事工作全局中统一谋划、统一部署",以"更好统筹外交外事与涉海部门的资源和力量",是党的外交制度改革的一个重要步骤。这些创新举措充实和加强了外交领导队伍,确保党的外交路线方针政策得到实施,为未来外交工作提供了组织保障。

外交制度创新的关键,是在强调顶层设计的同时,狠抓政策实施,确保中央战略意图的落实。这也是中共十八大以来中国外交制度建设、做好对外关系统筹和协调创新的关键。习近平多次提到"顶层设计"这个概念,要求"从顶层设计角度对中长期对外工作做出战略规划",

在处理对外事务时要"统筹协调,顶层设计,统一指挥,统筹实施",要更加重视政策的有效实施,"保障中央对对外工作的领导、决策、管理、处置等各项功能顺利实施,确保中央对外战略意图的实现"。

不仅传统的外交工作要坚持外交大权在中央的原则,日益活跃的首脑外交、军事外交、议会外交、政党外交,以及经济外交、公共外交、文化外交,乃至对外领事保护等中国外交各个领域的工作都是党和国家总体外交的重要组成部分,都要毫不动摇地坚持党的绝对领导。中国外交的这一特色确保了中国外交工作统筹协调、取得成功。因此,中国共产党的领导既是中国外交的特色,也是中国外交的优势。

结语：承前启后 继往开来

中华人民共和国成立已经70周年，新中国外交也走过了70年的历程。

这70年可以1978年改革开放为界划分为两个阶段。前一阶段中国外交的主要任务是反对大国威胁、巩固独立、维护主权和领土完整。后一阶段的主要任务则是适应形势的发展和变化，为国内经济建设创造良好的国际环境和周边环境，促进中国的发展。当今的中国正在走向中华民族复兴的新阶段。

中国外交经历的这前后两个阶段既有明显的联系，又各有显著的特点。前一阶段中国外交在巩固政权、维护独立方面取得了巨大的成就：断绝了与旧中国屈辱外交的联系，在平等互利的基础上与世界各国建立起了新型的外交关系，在国际舞台上赢得平等与尊严；维护和

2018年12月18日，庆祝改革开放40周年大会在北京人民大会堂隆重举行。中国国家主席习近平为获得中国改革友谊奖章人员代表颁奖。

巩固了国家的独立，实现外交上的自主，保障了国家安全和领土完整；与大多数邻国通过和平谈判解决了历史遗留的边界问题，改善了与周边国家的关系，形成总体稳定的周边环境；与广大发展中国家互相支持，建立和形成了牢固的传统友谊；创建了新型的外交队伍，使独立自主的外交有了组织上的保证。

1978年召开的中共十一届三中全会开启了中国改革开放的历史新时期，中国外交也进入新的历史阶段。中国外交高举和平发展的大旗，承前启后，取得了更大的成就。

首先，中国外交为中国国内经济建设创造了良好的国际和周边环境，确保中国经济持续高速和稳定发展。中国的国内生产总值由1978年的3679亿元人民币增长到2018年的90多万亿元人民币，年均实际增长超过9%，远高于同期世界经济2.9%左右的年均增速。中国国内生产总值占世界生产总值的比重由改革开放之初的1.8%上升到16%，多年来对世界经济增长贡献率超过30%。中国的货物进出口总额从206亿美元增长到超过4万亿美元，累计使用外商直接投资超过2万亿美元，对外投资总额达到1.9万亿美元。

其次，积极融入国际社会，与外部世界形成了良性互动。40年来，中国参加了130多个政府间国际组织，签署了400多项国际公约，参与24项联合国维和行动，累计派出维和军事人员3.9万余人次，成为国际体系的重要成员。在融入国际经济体系的过程中，中国顺应全球化趋势，积极参与国际社会活动，坚持以发展中国家身份，按照权利和义务平衡的原则，最大限度地维护和促进中国和其他发展中国家的利益，同时中国也与不同国际组织协商、合作，增强了对国际社会的适应能力。

第三，中国在国际事务中主持国际公道，国际地位不断提高。在解决全球性问题和处理地区冲突问题上，中国坚持和平谈判、外交磋商；在解决全球气候变化、公共卫生等问题上，中国积极承担相应国

2017年3月8日，十二届全国人大五次会议新闻中心举行记者会，邀请外交部部长王毅就"中国的外交政策和对外关系"的相关问题回答中外记者的提问。

际义务，履行自己的承诺——这些都得到国际社会的充分肯定。改革开放40年来中国为世界和平与发展所作的贡献，大于历史上的任何时期，中国的国际形象也好于以往任何时期。

第四，中国外交战线日益扩展，形成了全方位的良好对外关系格局。目前与中国建交的国家共有180个。在发展与西方发达国家关系过程中，中国秉持超越社会制度和意识形态差异发展国家关系的原则，求同存异，坚持对话，不搞对抗，妥善处理分歧和争端，扩大利益汇合点，建立了不同类型的战略伙伴关系与合作关系，形成了外交关系全面发展的良好局面。

在平等协商和互谅互让的原则下，中国与14个邻邦中的12个签订了边界协定或条约，使2.2万多公里陆地边界中的90%得到划定，对尚存的难题则根据"搁置争议"的原则达成临时协议，营造了一个和平稳定、平等互信、合作共赢的周边环境，创造了中国与周边国家关系的历史最好时期。

在与发展中国家的关系中,中国进一步强调推动与广大发展中国家的团结与合作,除继续向一些发展中国家提供力所能及的援助外,根据"平等互利,讲求实效,形式多样,共同发展"的原则,不断拓宽合作领域,探讨新的合作方式,提高了合作效益。

在新的国际国内形势下,中国在对外工作中统筹国内发展和对外开放,倡导总体外交,推进安全外交、经济外交、人文外交,发展与各国经济合作,推动文明对话与交流,增进国际社会对中国的认识和了解。

回顾70年的历程,中国的国内外环境都经历了翻天覆地的变化:中国的国力今非昔比,在国际上地位大有提高,中国人民的生活水平显著改善,中国对世界的贡献日益增加,中国与世界的关系形成了良性互动。在这些成就取得的过程中,中国外交功不可没。

历经70年,特别是改革开放后40年的风风雨雨,在实现了"站

2018年2月28日,巴基斯坦拉哈尔,由巴基斯坦国家艺术委员会组织举办的中巴经济走廊文化大篷车节中国古代服饰秀在当地上演。

2015年9月25日,时任美国总统奥巴马与夫人米歇尔在白宫举行仪式,欢迎来访的中国国家主席习近平和夫人彭丽媛。

起来"和"富起来"的目标后,中国已经积累了丰富的经验,拥有更加坚实的基础和后盾,站到了一个新的历史起点上。中国比任何时候都更加接近世界舞台的中心,比任何时候都更有信心和能力实现中华民族伟大复兴的目标。中国实现了从"站起来"到"富起来"的转变和到"强起来"的伟大飞跃,迎来了实现中华民族伟大复兴中国梦的光明前景。

改革开放以来的历史表明,中国只有在融入世界的过程中,在为世界和平作出贡献的过程中才能发展自己。中国将来更不可能独善其身。中国的命运,世界的命运,从未像今天这样紧密地联结在一起。只有世界好,中国才能好。实现中华民族伟大复兴的中国梦,仍然需要一个和平的外部环境,而中国的发展将进一步促进和贡献世界和平。

展望未来,中国外交已经站到一个新的高度,新的起点。面临新的环境,憧憬新的希望。中国外交的舞台更广,责任更大;人们的关注更多,期待更高。中国外交任重道远,大有可为。